Dieses Buch vereint zwanzig Gedichte, die Marcel Reich-Ranicki, der seit 1974 die *Frankfurter Anthologie* herausgibt, schätzt und bewundert und nicht selten auch liebt. Jedenfalls sind ihm ausnahmslos alle diese Gedichte im Laufe seiner lebenslänglichen Beschäftigung mit der deutschen Literatur besonders aufgefallen, ja, er kann sie nicht vergessen. Sie stammen aus allen Epochen unserer Lyrik.

Die Auswahl beginnt mit Walther von der Vogelweide, der vor rund achthundert Jahren gelebt hat, und reicht bis zu Autoren unserer Zeit wie Erich Fried und Günter Kunert. Bemüht, den Reichtum der deutschen Dichtung zu zeigen und bewußtzumachen, hat sich Reich-Ranicki nicht gescheut, Gedichte von sehr unterschiedlicher Art, Bedeutung und auch Qualität nebeneinanderzustellen. Neben solchen, die mit Sicherheit zu den schönsten in unserer Sprache gehören (wie Goethes »Freudvoll und leidvoll« oder Heines »Ein Jüngling liebt ein Mädchen«, wie Brechts »Erinnerung an die Marie A.«), finden sich hier auch Gedichte, die man zur Gebrauchslyrik zählen muß – wie jene von Kurt Tucholsky und Mascha Kaléko. Zu Hölderlins Ode »An die Parzen«, einem der Wunder in deutscher Sprache, gesellt sich ein kabarettistischer Text des Schauspielers Gustaf Gründgens, zu Versen des unterschätzten Barock-Dichters Paul Fleming Verse des beinahe schon vergessenen Expressionisten Paul Boldt. Das neunzehnte Jahrhundert repräsentieren hier Heine und Hebbel, Storm und Fontane und – ganz überraschend – Richard Wagner als Autor eines Gedichts.

Marcel Reich-Ranicki
Ein Jüngling liebt ein Mädchen

MARCEL REICH-RANICKI
EIN JÜNGLING
LIEBT EIN MÄDCHEN

Deutsche Gedichte und
ihre Interpretationen
Insel Verlag

Einmalige Sonderausgabe
zum Welttag des Buches 2002
© Insel Verlag Frankfurt am Main und Leipzig 2001
Alle Rechte vorbehalten, insbesondere das der Übersetzung,
des öffentlichen Vortrags sowie der Übertragung
durch Rundfunk und Fernsehen, auch einzelner Teile.
Kein Teil des Werkes darf in irgendeiner Form
(durch Fotografie, Mikrofilm oder andere Verfahren)
ohne schriftliche Genehmigung des Verlages reproduziert
oder unter Verwendung elektronischer Systeme
verarbeitet, vervielfältigt oder verbreitet werden.
Quellenhinweise am Schluß des Bandes
Vertrieb durch den Suhrkamp Taschenbuch Verlag
Satz: Hümmer GmbH, Waldbüttelbrunn
Druck: Clausen & Bosse Leck
Printed in Germany

ISBN 3-458-06655-1

Christa Schulze-Rohr
in Herzlichkeit zugeeignet

INHALT

VORBEMERKUNGEN UND BEKENNTNISSE

Die in diesem Buch gesammelten Gedichte – was haben sie eigentlich miteinander gemein? Zunächst einmal: Ich habe sie alle in der »Frankfurter Anthologie«, die seit 1974 in der »Frankfurter Allgemeinen« erscheint, interpretiert. Und es sind im Sinne der Regeln dieser »Anthologie« ausschließlich deutschsprachige Gedichte. Gewiß, und was weiter? Unter Brüdern, die schlichte Antwort muß lauten: Nichts, gar nichts haben sie miteinander gemein. Also eine ganz und gar zufällige Auswahl? Nein, das nun wiederum auch nicht.

Es sind sehr unterschiedliche Gedichte, doch verbindet sie ein Umstand, zu dem ich mich offen bekenne: Allesamt sind sie mir irgendwann aufgefallen, meist vor vielen, sehr vielen Jahren. Aber ich habe diese Gedichte nie vergessen, mehr noch, was mir einst aufgefallen ist, hat nicht aufgehört mir zu gefallen, was mich einst erregt, wenn nicht gar beglückt hat, schätze ich nach wie vor – und einige von diesen Gedichten liebe ich. Nur das ist es, was sie miteinander gemein haben.

Mein Interesse, ja meine Schwäche für die Poesie machten sich schon sehr bald bemerkbar. Als ich noch ein Kind war, nahm eine ganz bestimmte dichterische Gattung meine Aufmerksamkeit stark in Anspruch – nicht etwa das Lied, sondern die Ballade. Die Geschichten, die Balladenautoren erzählten, hatten es mir sofort angetan. Goethe und Heine waren unter ihnen vorerst nicht, vielmehr (ich

kann das nicht verheimlichen) Ludwig Uhland und natürlich unser Schiller (und da geniere ich mich überhaupt
nicht). Allerdings hatte ich für die furchtbar lange »Glocke«
nicht viel übrig und für den allzu pathetischen »Hand-
schuh« ebenfalls nicht, wohl aber für den »Ring des Poly-
krates«. Und die herrlichen, die unübertrefflichen »Krani-
che des Ibykus« gingen mich schon des Themas wegen (Die
Schaubühne als eine moralische Anstalt betrachtet!) besonders an.

Auch zu Goethe führte mein Weg zunächst (wenn man
vom »Faust« absieht, den ich viel zu früh gelesen habe)
über die Ballade. Das hatte mit dem Deutschunterricht zu
tun, der in unserer Berliner Schule alles in allem sehr gut
war. Ich verdankte ihm Empfehlungen und Anregungen,
deren Folgen oft von langer Dauer waren. Übrigens wurde
uns Schiller ungleich besser vorgestellt als Goethe. Aber
das lag wohl nicht an den Lehrern, sondern hatte eher mit
der Eigenart dieser beiden Poeten zu tun. Noch war damals, in der ersten Hälfte des zwanzigsten Jahrhunderts,
der Dichter der Jugend Schiller und keineswegs Goethe.

Gerade die beliebtesten Balladen Goethes, »Der Zauber-
lehrling« und der bieder-pädagogische »Schatzgräber«, in-
teressierten mich überhaupt nicht – und den »Erlkönig«
kann ich auch heute nur mit Schubert ertragen. Zufrieden
hingegen war ich mit dem »Sänger«, ohne freilich mit dessen Verzicht auf das ihm angebotene Honorar (»Das Lied,
das aus der Kehle dringt, ist Lohn, der reichlich lohnet«)
einverstanden zu sein. Entzückt hat mich »Der Fischer«,
obwohl ich zur Zeit der Pubertät von der nachdrücklichen
Warnung vor einem »feuchten Weib« nichts hören wollte.

Balladen, Novellen und Dramen – das war der Stoff, den der Deutschunterricht an preußischen Gymnasien wirkungsvoll vermitteln konnte. Um Romane mußte man sich schon selber kümmern und um die Lyrik (in des Begriffs eigentlicher und strenger Bedeutung) gleichfalls. Selbstverständlich haben die Lehrer nicht gewagt, sie zu ignorieren. Aber sie waren nicht imstande, sie einigermaßen einleuchtend zu interpretieren. Das soll heißen: Sie vermochten nicht, uns zu erklären, warum ein gutes und schönes Gedicht gut und schön sei. So gelang es ihnen eher, unsere Liebe zu den Stücken von Schiller oder Kleist zu wecken, als uns für die Verse Hölderlins oder Mörikes zu begeistern.

Zu Goethes Lyrik hat mich das Theater gebracht. Mit einer »Egmont«-Aufführung, es war 1935, fing es an, genauer, mit Klärchens Lied »Freudvoll und leidvoll«. Daß gerade von diesem Lied, einem der Wunder der deutschen Poesie, Anthologien damals wie heute nichts wissen wollten und wollen, sei nur am Rande erwähnt.

Warum wurde ein Halbwüchsiger, der keine Ahnung hatte, was Liebe ist, geradezu betört von einem lapidaren Gedicht, das mit den Worten endet »Glücklich allein / Ist die Seele, die liebt«? Ich weiß es nicht. Es dürfte mit einer Sehnsucht, einer unterschwelligen, zu tun gehabt haben. Wenn ich mich recht entsinne, benötigte ich in jenen Jahren immer dringender die erotischen Verse, ich war auf sie buchstäblich erpicht. Und ich bin ihr treu geblieben, natürlich. Mindestens die Hälfte der Gedichte in diesem Band sind der Liebe gewidmet – von dem ersten Genie der deutschen Literatur, jenem Autor, der mir unter allen Dichtern

des Mittelalters nach wie vor am nächsten steht, von Walther von der Vogelweide also, bis zu einem unserer Zeitgenossen, dessen Lyrik doch ein wenig unterschätzt wird: bis
zu Günter Kunert.

Man hat mich gelegentlich gefragt, warum ich mich als
Kritiker unentwegt mit der Liebe in der Literatur beschäf-
tige. Wenn dies eine Sünde sei, dann möge man sie – habe
ich oft geantwortet – nicht mir anlasten, sondern den deutschen Lyrikern und auch den Romanciers. Bei Goethe und
bei Heine suchte ich Liebesgedichte und wurde von beiden,
von jedem auf seine Art, überwältigt. Ich fand die erotischen Motive in Shakespeares Dramen und in den Roma-
nen der großen Russen und in vielen anderen literarischen
Werken. Und von ihnen allen lernte ich.

Als Schubert seinen Freunden eine neue Komposition
vorgespielt hatte, meinten sie, offenbar etwas vorwurfs-
voll, das sei doch eine sehr traurige Musik. Angeblich hat er
geantwortet: »Gibt es eine andere?« Sollte dies auch für die
erotische Lyrik gelten? Nein, nicht ganz. Denn wir alle
können ohne Mühe einige Gedichte von Goethe nennen,
dem jungen zumal, und auch solche von Heine, auf die
Schuberts rhetorische Frage mit Sicherheit nicht zutrifft.
Aber wir wissen auch, daß die meisten Erotiker die Moll-
Töne bevorzugen.

Ich lernte von Goethe, daß Lieben immer »Langen / Und
Bangen / In schwebender Pein« bedeutet. Überrascht las
ich sein Geständnis: »Es geht mir schlecht, denn ich bin
weder verliebt noch ist jemand in mich verliebt.« Ich er-
kannte mich in Heines Klagen über das Los jener, die allein
und einsam bleiben, die sich isoliert oder ausgegrenzt füh-

len. Wie ein Blitz trafen mich die Verse, die so berühmten und populären, die mir gleichwohl noch unbekannt waren: »Es ist eine alte Geschichte, / Doch bleibt sie immer neu« – und so weiter.

In Klabunds »Literaturgeschichte«, einem äußerst geistreichen Buch, das freilich nicht eine richtige Literaturgeschichte ist, fielen mir einige flüchtige Sätze über die Barockdichter auf – und ich begann, sie zu bewundern. Von Hofmann von Hoffmannswaldau ließ ich mich aufklären, daß die Liebe stets »voller Angst und Wolken« sei. Von Paul Fleming erfuhr ich, daß Liebe meist mit Selbstbestätigung zu tun hat und daher auch mit der Angst des Liebenden, er könnte, sollte er unversehens verlassen werden und allein bleiben, seine Identität einbüßen.

Bald machte sich in jenen frühen Jahren noch eine andere thematische Vorliebe bemerkbar, ein Urerlebnis, das nie verblaßte. Wann und woran erkennt ein Mensch zum ersten Mal, daß das Leben vergänglich ist? Schon in der Jugend? Meist doch wohl später, viel später – sollte man meinen. Aber es stimmt nicht immer.

Mir jedenfalls wurde diese simple Einsicht erschreckend schnell zuteil. Richtiger: Ich wurde mit ihr geschlagen – und das hing sicherlich auch mit den, um es vorsichtig auszudrücken, Zeitumständen zusammen. Es klingt, ich weiß das genau, komisch und lächerlich: Als ich von der Obertertia in die Untersekunda (so hießen die Klassen damals) versetzt wurde, überfiel mich plötzlich, ich glaube, es war während eines Spaziergangs irgendwo im Grunewald, der schlichte Gedanke, daß ich nie wieder Tertianer sein würde. Das war nun also vorbei, endgültig vorbei.

Bedauert habe ich das nicht im geringsten, im Gegenteil, ich war darüber, wie jeder andere Schüler, froh und glücklich. Ich kam ja voran. Aber mit einem Mal ahnte ich, daß, wie der junge Hofmannsthal sagt, »alles gleitet und vorüberrinnt«. Der Anflug von Angst und Ratlosigkeit wurde von Jahr zu Jahr deutlicher. Gewiß, ich konnte diese Anwandlungen von Furcht und Trauer mit viel Arbeit, mit etwas Musik und, vor allem, mit viel Literatur überwinden. Doch ganz verdrängen ließen sie sich nicht. Am bittersten wurden sie in Gesellschaft, dann, wenn alle aufgeräumt und ausgelassen waren und womöglich auch noch fröhlich tanzten. Da war ich oft dabei und doch nicht mit von der Partie, leider. Ich fühlte mich nahezu ausgestoßen. Denn das Tanzen konnte ich nie erlernen, obwohl einige Frauen sich redlich Mühe gaben.

Wann bestürzte mich in einem literarischen Text zum ersten Mal das Motiv der Vergänglichkeit, wann erlag ich dem von ihm ausgehenden, etwas unheimlichen Zauber? Als ich Storms Novelle »Immensee« las und mich das Lied des Mädchens mit den zigeunerhaften Zügen schaudern ließ? Oder als ich, in einem Hebbel-Band blätternd, das kleine Gedicht fand, das mit den Worten beginnt: »Wenn die Rosen ewig blühten …«?

Zwei kurze Gedichte, von denen das eine seit über hundert Jahren in keiner Anthologie fehlt und das andere unbekannt war und geblieben ist. Warum haben sie mich damals so beunruhigt, so aufgeregt? Noch ahnte ich nicht, daß ich da etwas entdeckt, etwas plötzlich begriffen hatte, was seit eh und je im Mittelpunkt der Literatur oder zumindest der Lyrik steht. Getroffen, wenn nicht aufgeschreckt hatte mich das in diesen Versen auf einfachste Weise ausgedrückte Ineinander und Miteinander der beiden Themen, die mich angingen wie keine anderen: Liebe und Vergänglichkeit. – Noch wußte ich nicht, daß es nicht unbedingt zwei verschiedene Urerlebnisse sind, die sich säuberlich voneinander trennen lassen, daß man also zwar über die Vergänglichkeit schreiben kann, ohne auf die Liebe einzugehen, aber nicht über die Liebe, ohne zugleich über die Vergänglichkeit zu schreiben.

Die Liebe und die Vergänglichkeit – das ist denn auch das Thema des ersten Gedichts von Brecht, das mich für ihn, um es vorsichtig auszudrücken, einnahm. Zu Brecht kam ich über die Schallplatte. Damals gab es bei uns, es war 1932, einen Untermieter, der besaß, was wir in Berlin nicht hatten: ein Grammophon und viele Schallplatten. Er spielte sie oft und laut. So hörte ich in unserer Wohnung eine ungewöhnliche, eine ironische, eine kesse und aufstachelnde Musik. Sie reizte und provozierte mich und ebendeshalb gefiel sie mir sehr. Es waren die Songs, die Lieder, die Choräle aus der »Dreigroschenoper« und aus dem »Aufstieg und Fall der Stadt Mahagonny«.

Zwei Jahre später stöberte ich in einem kleinen Antiquariat in der Nähe des Bayerischen Platzes. Der in einem ziemlich düsteren, nur dürftig beleuchteten Keller befindliche Laden war für mich, kaum daß ich ihn gefunden hatte, geradezu lebenswichtig geworden. Denn dort wurde mehr oder weniger diskret feilgehalten, wonach ich, mittlerweile fünfzehn Jahre alt, dürstete: Es waren die verramschten Bücher der damals verbotenen Autoren, der Emigranten, der Kommunisten, der Juden.

Ich gehörte zu den Stammkunden dieses Ladens, freilich war ich einer, der sich vieles ansah und nur selten etwas kaufte. Aber rausgeschmissen wurde ich nicht. Einmal suchte ich den Text der »Dreigroschenoper«. Er war nicht zu haben. Statt dessen reichte mir der freundliche Antiquar, bedeutungsvoll augenzwinkernd, ein dünnes Büchlein, in dem ich dann, in einem stillen Winkel an ein Regal gelehnt, blätterte und hier und da etwas las. Daß ich einen der bedeutendsten Gedichtbände des Jahrhunderts in der Hand hielt, habe ich nicht gewußt, vermutlich kam damals niemand auf eine solche Idee.

Das Buch war billig, für mich indes immer noch zu teuer. Schon wollte ich es zurückgeben, da fiel mein Blick auf ein nicht langes Gedicht. In ihm war vom »blauen Mond September« die Rede und von einem »jungen Pflaumenbaum« und von einem »holden Traum«. Das fand ich zunächst nicht so fabelhaft, es kam mir etwas süßlich vor. Doch dann konnte ich meinen Blick von diesen Versen nicht mehr abwenden.

Während mich die Songs, die ich von den Platten kannte, befremdet und erstaunt und auch sehr amüsiert hatten, fühlte ich mich hier verzaubert. Warum? Ich weiß es nicht. Es macht wohl das Wesen der Verzauberung aus, daß da Wirkung ist, ohne daß die Ursache erkennbar wäre. So läßt sich die Magie der Dichtung nicht überzeugend erklären, letztlich bleibt sie immer etwas unheimlich. Mich hatte wohl nichts anderes berückt als der Ton dieses Gedichts, nichts als seine Melodie und seine Sprache.

Eigentlich konnte ich mir das Buch nicht leisten, aber schließlich habe ich es doch gekauft – diesen dünnen Band

mit dem altmodischen Titel »Hauspostille«. Die »Erinnerung an die Marie A.« liebe ich immer noch. Als ich mich
1977 entschlossen hatte, endlich selber eine Interpretation
für die von mir redigierte »Frankfurter Anthologie« zu
schreiben – die »Anthologie« gab es damals schon seit über
drei Jahren, aber ich hatte mir bis dahin strenge Zurück-
haltung auferlegt –, da wählte ich für diese Premiere kein
Gedicht von Goethe oder von Heine, sondern eben Brechts
»Marie A.«. Übrigens: Mein Kommentar endet mit einer
Widmung. Wen hatte ich da im Sinn? Nun, das geht ja aus
dem Zusammenhang hervor, natürlich die Marie A. Doch
zugleich waren diese Worte an eine andere Frau gerichtet.
Sie hat meine Widmung sehr wohl verstanden.

Ganz anders erging es mir mit Tucholsky. Ich war von
ihm hingerissen, aber nicht von seinen Büchern, dem
»Schloß Gripsholm« oder dem »Pyrenäenbuch«, sondern
von den Feuilletons und Glossen. Ich las sie mit roten Bak-
ken in seinen Sammelbänden und häufiger noch in den
roten, den verblichenen Heften der »Weltbühne«. Ich habe
Tucholsky viel zu verdanken, ich habe von ihm immer wieder gelernt.

Doch seine Verse ließen mich kalt, sie kamen mir oft geradezu läppisch vor. Das hatte einen einfachen Grund: Ich
hatte keine Geduld, die in einem riesigen Berg von Kartof-
feln verborgenen Perlen zu suchen. Erst viel später habe ich
begriffen, daß von der Qualität, vom Rang eines Lyrikers
stets nur seine besten Gedichte zeugen. Und wenn diese
wirklich gut und schön sind, dann sollte man über alle, die
er sonst veröffentlicht hat, großzügig hinwegsehen. Gar
kein Zweifel – mit ihrer Massenproduktion richten die

Vielschreiber (die mit Talent, denn nur auf die kommt es an) Schaden an. Aber sie schaden vor allem sich selber, sie stehen sich selber im Wege. Erziehbar sind sie, wie alle Dichter von einigem Format, überhaupt nicht. Man darf hinzufügen: glücklicherweise nicht.

Der Lyriker Tucholsky war ein solcher Vielschreiber – und Erich Fried gleichfalls. Man beurteilt seine Poesie gelegentlich ungerecht, weil die schlechten, miserablen Gedichte, die er unermüdlich verfertigte, den Blick auf die vorzüglichen, die es in seinem Werk mit Sicherheit auch gibt, trüben und beeinträchtigen. Ebendeshalb findet sich hier ein Gedicht von Fried, eines, das ich für ein vollkommenes poetisches Gebilde halte.

Und Günter Kunert? Der Fall liegt ähnlich. Wie viele Gedichte hat er geschrieben, wie viele veröffentlicht? Zweitausend oder dreitausend oder noch mehr? Seine seit 1950 publizierten Lyrikbände sind, alle zusammen, eine Herausforderung, eine ärgerliche. Hingegen wäre ein vernünftiger Auswahlband mit, sagen wir, hundert seiner Gedichte (aber bitte nicht mehr!) ein Dienst an der deutschen Gegenwartsliteratur.

Dank Brecht und Tucholsky (und vielen weniger bedeutenden Autoren wie etwa Mascha Kaleko, die wir jedoch auf keinen Fall vergessen sollten) konnte ich, mitten im »Dritten Reich« lebend, noch die Kultur der Weimarer Republik wahrnehmen, ihr Klima vor allem und ihre Atmosphäre. Obwohl sie von den neuen Kulturpolitikern und ihren journalistischen Helfern immer heftiger und immer gehässiger beschimpft und bekämpft wurde, war sie, jedenfalls in Berlin, auf Schritt und Tritt zu spüren. So wurde ungeachtet der heftigen Propaganda der verfemte Zeitgeist von gestern unerwartet zur heimlichen Legende.

In gewissem Sinn repräsentierte den Geist der Weimarer Republik auch – so unglaubwürdig dies klingen mag – Görings Schützling Gustaf Gründgens, der ein preußischer Staatsrat und trotzdem ein verdienstvoller Mann und obendrein ein Antityp der Zeit war. Ich habe ihn bewundert wie keinen anderen Schauspieler, vielleicht war ich in ihn vernarrt.

Als im Herbst 1999 sein hundertster Geburtstag nahte, fiel mir ein, dies sei ein passender Anlaß, um Gründgens in der »Frankfurter Anthologie« zu feiern. Ich erinnerte mich an ein von ihm verfaßtes Couplet, das er vor 1933 in Eduard Künnekes Operette »Liselott« gesungen hatte. Ich kannte es nur von einer Schallplatte. Als ich den Text las, war ich unentschieden, ob es richtig sei, eine derartige Petitesse in unsere »Anthologie« aufzunehmen. Da entsann ich mich der weisen Regel des römischen Rechts: In dubio pro reo – im Zweifelsfall entscheide man zugunsten des Angeklagten.

Und warum finden sich in diesem Band Gedichte von Richard Wagner und Theodor Fontane und von dem beinahe ganz vergessenen Paul Boldt? Sind es Glanzstücke der deutschen Poesie? Nicht unbedingt. Aber bei jedem der drei Texte hatte ich schon gute Gründe, mich seiner anzunehmen.

An dem Gedicht von Wagner hänge ich seit meiner frühen Jugend. Als ich las: »der Lenz, der sang für sie«, gingen mir die Augen auf. Und ich halte es für möglich, daß Wagner der erste war, der diesen schlichten und doch erhellenden Gedanken so klar und so einleuchtend formuliert hat.

Mit Fontanes »An meinem Fünfundsiebzigsten« hat es eine andere Bewandtnis. Vor einigen Jahren wurden bis dahin unbekannte Briefe aus seiner letzten Lebenszeit veröffentlicht. Sie enthalten einige scharfe Äußerungen gegen Juden. Kollegen haben darauf sehr streng, doch wohl nicht zu streng reagiert. Ich hingegen glaubte, in dieser Sache schweigen zu dürfen. Denn man sollte nicht vergessen, daß unser verehrter, großer Fontane ein ganz unzuverlässiger Kantonist war. Bei ihm findet sich ein nicht alltägliches Geständnis: Eigentlich hätte er immer das Gegenteil von dem sagen können, was er, zumindest in seiner Eigenschaft als Kritiker, tatsächlich gesagt habe. Da dachte ich mir, es sei an der Zeit, jenes seiner Gedichte hervorzuholen, das den Juden auf rührende Weise Respekt und Dankbarkeit erweist.

Paul Boldt? Ein beinahe kurioser Umstand war hier im Spiel. Der überaus erfolgreiche Industrielle Jan A. Ahlers, Inhaber eines Textilunternehmens, plante die öffentliche Ausstellung seiner Bildersammlung. Sie ist ganz ungewöhnlich, zu ihr gehören Werke der bedeutendsten deutschen Maler des zwanzigsten Jahrhunderts. Zum Motto des Katalogs wählte Ahlers, der »Bekleidungshersteller«, die Zeile: »Das ist nicht ich, wovon die Kleider scheinen.« Sie stammt aus dem Gedicht »In der Welt«, enthalten im einzigen, kurz vor dem Ersten Weltkrieg erschienenen Lyrikband des Expressionisten Paul Boldt.

Allerdings war zu befürchten, daß es den Lesern des Katalogs schwerfallen werde, diese Zeile und auch das ganze, nicht einfache Gedicht zu verstehen. Ob ich bereit sei, ihnen zu helfen, also diese Verse zu erklären. Kaum hatte ich sie gelesen und schon sagte ich freudig zu. In meiner Laufbahn als Lyrikinterpret war und ist dies die einzige Auftragsarbeit.

Daß ich es nicht vergesse: Da ist ja noch Hölderlin, Friedrich. Ich liebe in der Poesie die Klarheit, nicht aber die Dunkelheit, ich schätze die Vieldeutigkeit, nicht aber die Undeutlichkeit. Hölderlins Verse haben mir bisweilen Schwierigkeiten bereitet. Aber ungleich mehr Kummer machen mir (und vielleicht nicht nur mir) diejenigen seiner Bewunderer, deren Verehrung sich der Anbetung nähert und die daher sein Werk am liebsten der kritischen Betrachtung ganz und gar entziehen möchten. Mein sich änderndes Verhältnis zu Hölderlin war von Trotz nicht ganz frei. Aber ich glaube nicht, ihn je unterschätzt zu haben.

Gleichviel: Als am 2. April 1994 der tausendste Beitrag der »Frankfurter Anthologie« fällig war, da mußte ich mir nicht lange überlegen, welches Gedicht für dieses Jubiläum am besten geeignet wäre. Früher habe ich bei einem ähnlichen Anlaß ein Gedicht von Goethe gewählt, jetzt entschied ich mich für Hölderlins Ode »An die Parzen«. Ich kenne einige deutsche Gedichte, die so schön sind wie dieses. Ich kenne keines, das es übertreffen würde.

Das wär's, für heute.

Marcel Reich-Ranicki

WALTHER VON DER VOGELWEIDE
UNDER DER LINDEN

Under der linden
an der heide,
dâ unser zweier bette was,
dâ mugt ir vinden
schône beide
gebrochen bluomen unde gras.
vor dem walde in einem tal,
tandaradei,
   schône sanc diu nahtegal.

Ich kam gegangen
zuo der ouwe:
dô was min friedel komen ê.
dâ wart ich enpfangen,
hêre frouwe,
daz ich bin sælic iemer mê.
kuster mich? wol tûsentstunt:
tandaradei,
   seht wie rôt mir ist der munt.

Dô het er gemachet
alsô rîche
von bluomen eine bettestat.
des wirt noch gelachet
inneclîche,
kumt iemen an daz selbe pfat.

bî den rôsen er wol mac,
tandaradei,
   merken wâ mirz houbet lac.

Daz er bî mir læge,
wessez iemen
(nu enwelle got!), sô schamt ich mich.
wes er mit mir pflæge,
niemer niemen
bevinde daz, wan er unde ich,
und ein kleinez vogellîn:
tandaradei,
   daz mac wol getriuwe sîn.

DAS GLÜCK DER LIEBE

Den Minnesängern haben die Germanisten gern den »*be-seelten* Eros« nachgesagt. Wollten sie mit der Betonung des Seelischen das Erotische dieser Lyrik vom Konkreten befreien und so gleichsam entsühnen, wenn nicht gar adeln? Jedenfalls mußte man den Eindruck gewinnen, die deutschen Dichter des Mittelalters hätten immer bloß die hohe, hehre und holde, die himmlische Minne besungen, die sinnliche und körperliche, die irdische Liebe hingegen ignoriert oder tabuisiert.

Nun trifft es zu, daß diese Poeten oft gehalten waren, die Gemahlin ihres jeweiligen Auftraggebers, die höfische Herrin also, zu preisen – und deren Bild hatte in der Regel abstrakt und womöglich konventionell zu sein. Doch gibt es in ihren Dichtungen auch ein reales weibliches Wesen, eine leibhaftige Geliebte. Walther von der Vogelweide etwa dachte nicht daran, das Sexuelle auszusparen.

In seinem (keineswegs zu Unrecht) berühmtesten Gedicht, dem Lied »Under der linden«, läßt er eine Frau berichten. Nichts wissen wir über sie: Weder kennen wir ihren Namen noch ihr Alter, weder ihren Stand noch ihre Herkunft. Wir wissen nur: Sie ist glücklich. Und wir hören sogleich, welchem Umstand sie dieses Glück verdankt. Die erste Strophe skizziert den Ort des Geschehens und deutet damit den Vorgang an: Von dem, was sich im Bette, im Lager unter der Linde ereignet hat, zeugen gebrochene Blumen und Gräser. Walther konnte sicher sein, daß sein

Publikum ihn verstehen werde: Mit gebrochenen Blumen symbolisierten die Poeten schon damals den Verlust der Jungfräulichkeit, die *Defloration*.

Nachdem er den Schauplatz als einen Ort der Lust und der Liebe charakterisiert hat, blendet der Dichter zurück: Erst jetzt, in der zweiten Strophe und in den ersten drei Versen der nächsten, wird geschildert, was dem Vorfall, auf den die erste Strophe anspielt, vorangegangen ist. Dann aber folgt der zweite Zeitsprung, wir sind wieder in der Gegenwart: Wen der Weg an dem zurückgelassenen Blumenbett vorüberführt, der werde, ahnend, was da passiert ist, »inneclîche« lachen, also sich von Herzen freuen. Denn wer liebt, mag sich nicht vorstellen, sein Glück könnte einem anderen gleichgültig sein.

In der vierten Strophe findet sich die geradezu herausfordernde Schlußfolgerung: Daß der Liebste bei ihr lag und was er mit ihr tat, dessen würde sich jene, der dies widerfahren ist, schämen – aber nur dann, wenn es jemand wüßte. Da jedoch nur ein kleiner Vogel zugeschaut hat und dieser verschwiegen (»getriuwe«) sein kann, sieht sie nicht den geringsten Grund zur Scham: Keine Reue stellt die verbotene, die heimlich genossene Liebe in Frage.

Weiß die Glückliche, daß keine Liebesgeschichte auf Erden gut endet, daß Ernüchterung und Enttäuschung nie ausbleiben, daß, wer himmelhoch jauchzt, zu Tode betrübt sein wird? Wohl kaum. Doch was immer ihr die Zukunft bringen mag, die Seligkeit, die ihr unter der Linde beschieden war, wird ihr niemand mehr rauben können. Daher singt sie ein zwar nicht heiteres oder gar lustiges, wohl aber ein beschwingtes und beflügeltes Lied – allerdings eher in Moll als in Dur.

Es ist ein vollkommenes poetisches Gebilde: Kein Wort
fehlt hier und auf keines läßt sich verzichten. Und wie
das erzählende Mädchen nicht nur schlicht und natürlich
scheint, sondern auch ein wenig kokett, so verbindet das
Gedicht die vollkommene Naivität (in der Lyrik beinahe
immer ein Produkt der Reife) mit äußerster artistischer
Raffinesse. Walthers Kunstfertigkeit ist frei vom Makel der
Künstlichkeit. Beide, den Poeten und seine Liebste, zeichnet aus, was die Jahrhunderte überdauert hat (das Lied
ist um 1200 entstanden) und was sich jeder wissenschaft-
lichen Definition entzieht: Charme und Anmut. Erst in
einer viel späteren Epoche hatte Deutschland wieder einen
Dichter, der Verse von vergleichbarer Schönheit geschrieben hat: Goethe.

(1984)

PAUL FLEMING
ZUR ZEIT SEINER VERSTOSSUNG

Ein Kaufmann, der sein Gut nur einem Schiffe traut,
Ist hochgefährlich dran, indem es bald kann
                                        kommen,
Daß ihm auf einen Stoß sein ganzes wird genommen.
Der fehlt, der allzuviel auf ein Gelücke traut.

Gedenk ich nun an mich, so schauret mir die Haut:
Mein Schiff, das ist entzwei, mein Gut ist
                                        weggeschwommen.
Nichts mehr, das ist mein Rest; das machet kurze
                                        Summen.
Ich habe Müh und Angst, ein andrer meine Braut.

Ich Unglückseliger! mein Herze wird zerrissen,
Mein Sinn ist ohne sich; mein Geist zeucht von mir
                                        aus.
Mein Alles wird nun Nichts. Was wird doch endlich
                                        draus?
War eins doch übrig noch, so wollt ich alles missen.
Mein teuerster Verlust, der bin selbselbsten ich.
Nun bin ich ohne sie; nun bin ich ohne mich.

OHNE SIE, ALSO OHNE MICH

Vergessen ist Paul Fleming, der von 1609 bis 1640 gelebt
hat, gewiß nicht. Aber man kennt ihn als Autor zunächst
und vor allem von Psalmen und Chorälen. Sein wohl be-
rühmtester Interpret und Bewunderer, der Dichter Rudolf
Alexander Schröder, nahm ihn nahezu ganz für die prote-
stantische Kirche in Anspruch und lieferte so die literarische Rechtfertigung für einen längst bestehenden Sach-
verhalt. Denn schon viel früher hatten die Herausgeber
evangelischer Gesangbücher keine Bedenken – Klabund
machte sich hierüber lustig –, Flemings Lyrik für ihre
Zwecke zu adaptieren: Sie strichen aus manchen seiner
Lieder den Namen des von ihm angebeteten Mädchens Elsabe und setzten einen anderen ein, nämlich Jesus.

Keineswegs ist es die Liebe zu Gott oder zu Jesus, die
Fleming am häufigsten feiert, sondern die zu den Frauen.
Sie haben ihm, soweit sich dies seinen Versen entnehmen
läßt, viel Kummer bereitet. Doch so sind viele Poeten: Die
glückliche Liebe genießen sie eher schweigend, die un-
glückliche besingen sie wortreich. Auch Flemings erotische
Gedichte sind vor allem Klagen eines Enttäuschten und
Abgewiesenen, Bekenntnisse eines Einsamen.

In Reval hatte er sich in die Tochter eines aus Hamburg
stammenden Kaufherrn verliebt, ebenjene Elsabe, ein angeblich besonders launenhaftes Mädchen. Allerdings hielt
er sich dort nur vorübergehend auf: Er gehörte (als »Hof-
junker und Truchseß«) der Expedition eines holsteini-

schen Herzogs an; sie war über Reval und Moskau nach
Persien unterwegs. Fleming mußte also Elsabe, in der er
schon seine Braut sah, verlassen. Sie sollte auf ihn warten –
so hatte er es gehofft, so hatte sie es versprochen.

Aber Reisen, lange zumal, gefährden bestehende und
ermöglichen neue Beziehungen. Während Fleming seiner
Elsabe schöne Briefe schrieb (und zwar in Versen), suchte
sie offenbar einen neuen Hafen. Ein Professor war es, den
sie dem Literaten vorzog und mit dem sie sich rasch ver-
einte. Als die Trauerbotschaft, mit der er überhaupt nicht
gerechnet hatte, Fleming erreichte – er weilte gerade im
Kaukasus –, reagierte er, wie es in seiner Zunft üblich und
in seiner Epoche Mode war: mit einem Sonett.

Er habe den Fehler begangen, alle seine Gefühle einem
einzigen Menschen zuzuwenden – die allegorische Umschreibung dieses einfachen Gedankens wirkt heute un-
freiwillig komisch. Sie ist auch, gelinde gesagt, ziemlich
naiv. Der Handel und die Liebe? Der poetische Vergleich
hinkt, weil ein Kaufmann über sein Gut verfügen kann, wie
er es für richtig hält, wohingegen die Entscheidungsfreiheit
des Liebenden (nicht des Geliebten!) zumindest partiell
oder temporär eingeschränkt ist.

In dieser ersten Strophe erweist sich Fleming als der glän-
zende Schüler (aber eben nur der Schüler) seines Meisters,
des gelehrten, des allzu gelehrten Dichters Martin Opitz.
Doch in den nächsten Strophen, vor allem in der letzten
und besten, gelingt es Fleming, innerhalb der überlieferten
Form, deren strenge Regeln er genau befolgt, einen den
Zeitstil überwindenden individuellen Ton zu treffen und so
Persönliches auch persönlich auszudrücken.

Zugleich wird hier deutlich, wie modern dieser erste
große Erotiker des Barocks, seine Vorgänger übertreffend,
die Liebe versteht: Er sieht in ihr eine Möglichkeit der
Selbstverwirklichung des Mannes. Und jetzt, da er sich ver-
stoßen fühlt, ist er entsetzt, daß dieselbe Liebe seine Selbst-
behauptung gefährdet, ja seinem ganzen Leben die Grund-
lage entzieht: »Mein Sinn ist ohne sich; mein Geist zeucht
von mir aus. Mein Alles wird nun Nichts.«

Es ist also – und gerade das trägt zur Modernität dieses
Gedichts bei – nicht der Verlust der Geliebten, der ihn er-
schüttert, sondern eher die Angst, dieser Verlust könne ihn
seiner Identität berauben, ihn selber zerstören. Dafür findet Fleming eine poetische Formel, die so klar wie knapp,
die vollkommen ist: »Nun bin ihn ohne sie; nun bin ich
ohne mich.« Was hier erzählt wird: Es ist eine alte Geschichte, doch bleibt sie immer neu.

(1979)

JOHANN WOLFGANG GOETHE
REZENSENT

Da hatt ich einen Kerl zu Gast,
Er war mir eben nicht zur Last,
Ich hatt so mein gewöhnlich Essen.
Hat sich der Mensch pump satt gefressen
Zum Nachtisch was ich gespeichert hatt!
Und kaum ist mir der Kerl so satt,
Tut ihn der Teufel zum Nachbar führen,
Über mein Essen zu raisonnieren.
Die Supp hätt können gewürzter sein,
Der Braten brauner, firner der Wein.
Der tausend Sackerment!
Schlagt ihn tot, den Hund! Es ist ein Rezensent.

EIN GEGNER DER MEINUNGSFREIHEIT

Alle Dichter schreiben schlechte Gedichte. Die guten Poeten unterscheiden sich von den schlechten nur dadurch, daß sie bisweilen auch *gute* Gedichte verfassen. Und wie ist es mit Goethe? Er genießt den Ruf, Deutschlands größter Lyriker zu sein. Das stimmt schon. Wenn es um die Poesie geht, kann ihm keiner das Wasser reichen. Aber natürlich hat auch er, der unverbesserliche Vielschreiber, zahlreiche mäßige oder schwache Gedichte produziert, gelegentlich sogar törichte. Doch das dümmste, das seiner Feder entstammt, ist wohl das Gedicht »Rezensent«, veröffentlicht im März 1774.

Über den unmittelbaren Anlaß, der zu diesen Versen geführt hat, sind wir nicht informiert. Es mag sein, daß die Sache mit Christian Heinrich Schmid zusammenhing. Von diesem Gießener Professor der Dichtkunst und Beredsamkeit, der sich auch als Rezensent betätigte, hatte der junge Goethe offenbar keine hohe Meinung: Er sei (so in einem Brief vom 25. Dezember 1772 zu lesen) »ein wahrer Esel« und obendrein ein »Scheiskerl«. Ob nun Schmid oder ein anderer – sicher ist, daß Goethe attackiert wurde und daß er kräftig zurückschlagen wollte. Dagegen bräuchte man noch nichts einzuwenden, wenn nur der Racheakt etwas intelligenter geraten wäre.

»Da hatt ich einen Kerl zu Gast ...« Hier stock' ich schon. Warum hat jener, der hier berichtet – und wir können annehmen, daß es Goethe persönlich ist –, einen Kerl eingeladen, der einer von ihm verabscheuten Zunft angehört? Denn daß es ein Rezensent war, muß er gewußt haben. Die Selbstrechtfertigung läßt denn nicht auf sich warten: »Er war mir eben nicht zur Last …« Eine auffallend dürftige Rechtfertigung: Seit wann lädt man jemanden, der einem nur »eben nicht zur Last« fällt, zum Essen ein? Wollte Goethe gar den Rezensenten für sich einnehmen? Es scheint, daß diesen (doch naheliegenden) Verdacht der Hinweis entkräften soll, es habe keineswegs ein besonders üppiges Mahl gegeben, sondern bloß sein »gewöhnlich Essen«.

Worüber bei Tisch geredet wurde, erfahren wir nicht, statt dessen hören wir, der Gast habe kräftig zugegriffen und sich »pump satt gefressen«, was schwerlich als Vorwurf gelten kann. Indes habe er sich wenig später zu einem Nachbarn über das, was ihm vorgesetzt wurde, ungünstig geäußert. Das ist weder schön noch höflich. Wie aber, wenn die Suppe wirklich fad war und der Braten nicht knusprig genug und der Wein ein wenig sauer? Wie also, wenn – was wir nicht ausschließen können – der Unhöflichkeit der Mangel an Gastfreundschaft vorangegangen war? Hat vielleicht der Eingeladene einen Verstoß gegen die gesellschaftliche Konvention in Kauf genommen, um die Wahrheit sagen zu können? Ist es verwerflich, die Ehrlichkeit mehr zu schätzen als die Höflichkeit?

Die Frage erübrigt sich, weil wir es mit einem Gleichnis zu tun haben, und zwar mit einem solchen, das hinten und vorne nicht stimmt. Denn Goethe hat nichts anderes im Sinn als die Kritik. Aber der Rezensent, der sich der Arbeiten eines Schriftstellers annimmt, ist nicht von diesem hierzu ausgewählt und eingeladen worden und wird nicht von ihm bewirtet. Im Gegenteil: Er ist gehalten, das, was der Autor geleistet hat, zu prüfen und zu beurteilen und seine Meinung möglichst klar darzulegen, und zwar ohne sich darum zu kümmern, ob dies dem Betroffenen gefallen werde oder nicht.

Indem Goethe seine Leser auffordert, die Rezensenten totzuschlagen, entpuppt er sich als ein Anhänger der Todesstrafe und als ein Gegner der Meinungsfreiheit; überdies ist auch der Tatbestand der Volksverhetzung erfüllt. Und warum das alles? Kaum war das Gedicht »Rezensent« gedruckt, da wurde Goethe öffentlich belehrt. Der Dramatiker Heinrich Leopold Wagner, den vor allem die Tragödie »Die Kindermörderin« bekannt gemacht hat, publizierte ein Gegengedicht, das mit den Worten endet: »Schmeißt ihn todt, den Hund! Es ist ein Autor der nicht kritisiert will sein.«

(1990)

JOHANN WOLFGANG GOETHE
FREUDVOLL UND LEIDVOLL

Freudvoll
Und leidvoll,
Gedankenvoll sein,
Langen
Und bangen
In schwebender Pein,
Himmelhoch jauchzend,
Zum Tode betrübt;
Glücklich allein
Ist die Seele, die liebt.

DIE SCHWEBENDE PEIN

Der Missetäter heißt Beethoven. Denn durch seine (übrigens herrliche) Vertonung wurde dieses Gedicht fast unmerklich der deutschen Lyrik entzogen. Aus dem zarten und intimen Lied eines liebenden Mädchens hat er den effektvollen Auftritt einer Primadonna gemacht. Nur der Anfang ist schlicht, dann aber treibt die verhältnismäßig opulente Orchesterbegleitung – zumal das Crescendo vor den Worten »Himmelhoch jauchzend« – das Ganze ins Hochdramatische: Aus dem Klärchen-Lied wird fast eine Fidelio-Arie. Doch die das summt und singt, ist nicht eine Heroine, sondern des Grafen Egmont naiver Bettschatz. So hat Beethovens Musik den Text Goethes zugedeckt, wenn auch, zugegeben, auf erhabene Weise.

Seitdem ist es üblich, dieses Lied lediglich als einen Bestandteil des Trauerspiels »Egmont« und nicht als ein selbständiges Gedicht zu behandeln: Es gehört nicht zum Kanon der deutschen Poesie, es findet sich, soweit ich sehe, nur selten in Lyrik-Anthologien, es wird von den Herausgebern der Schul-Lesebücher hartnäckig ignoriert. Aber es ist, jedenfalls für mich, das schönste, das vollkommenste erotische Gedicht in deutscher Sprache.

Goethes Worte – es sind insgesamt nicht mehr als 23 – beschreiben einen Gemütszustand von außergewöhnlicher Labilität. Ihn charakterisieren extreme Schwankungen – zwischen »freudvoll« und »leidvoll« bis hin zu dem Gegensatz von höchstem Lebensgefühl und tiefster Niedergeschlagenheit, wenn nicht Verzweiflung.

Bezieht sich die Formulierung »Himmelhoch jauchzend, zum Tode betrübt« auf jemanden, der an einer psychischen Krankheit leidet? Wollte Goethe das Bild eines manisch-depressiven Menschen skizzieren? Nicht unbedingt. Wir haben es jedoch mit einem insofern krankhaften oder zumindest scheinbar krankhaften Fall zu tun, als die raschen und heftigen Schwankungen zwischen Euphorie und Melancholie, von denen hier die Rede ist, keinen rationalen Grund haben. Gleichwohl wird, was sie auslöst, deutlich benannt – allerdings erst mit dem letzten Wort des Gedichts: Es geht um die Liebe.

Zwischen den beiden Gegenüberstellungen – der nachdenklich gemäßigten und der extrem gesteigerten, bei der es keinen Platz mehr für die Vokabel »gedankenvoll« gibt – verweist Goethe auf das Element, das zu diesen polaren Spannungen und Schwankungen gewiß beiträgt, ja sie offenbar verursacht: die Angst.

Indes heißt es am Ende: »Glücklich allein ist die Seele, die liebt.« Glücklich trotz der schwebenden Pein? Nein, nicht trotz, sondern eben dank der unentwegten Furcht, das Einzigartige, das kaum Faßbare könne so plötzlich zu Ende gehen, wie es begonnen hat. Nur derjenigen Liebe, die auch gefährdet, also unsicher ist, verdankt der Mensch das höchste Glück. Die Angst erscheint somit nicht bloß als eine unvermeidbare Begleiterscheinung der Liebe, sondern als ihr Fundament und ihre Voraussetzung.

Aber wen hat Klärchen im Sinn? In Goethes frühen erotischen Gedichten hören wir immer von einem Partner, von dem Objekt der so intensiven Zuneigung. Klärchen hingegen spricht ausschließlich von sich selber, von ihrer

eigenen Liebe. Die Frage, wem dieses Gefühl, das die Zu-
rechnungsfähigkeit des Individuums unzweifelhaft beein-
trächtigt, denn eigentlich gilt, wird bewußt ausgespart: Es
ist, verstehen wir, eine belanglose Frage. Denn der Gott,
man kann es schon bei Plato lesen, ist nicht beim Geliebten,
sondern beim Liebenden. Anders ausgedrückt: Die Fähigkeit zu lieben ist ungleich größer und höher als die Gabe –
oder sollte man sagen: Gnade? –, geliebt zu werden. Auch
darauf deutet dieses prägnante Gedicht hin.

Goethe, haben wir gelernt, wollte wissen, was die Welt
im Innersten zusammenhält. Das ist schon richtig. Doch
noch mehr, so will es scheinen, interessierte und irritierte
ihn die Liebe: Er empfand das Leben erotisch. So hatte er
denn auch die Kühnheit zu verkünden: »Da wo wir lieben /
Ist Vaterland.«

(1981)

JOHANN WOLFGANG GOETHE
ALLES GEBEN DIE GÖTTER

Alles geben die Götter, die unendlichen,
Ihren Lieblingen ganz,
Alle Freuden, die unendlichen,
Alle Schmerzen, die unendlichen, ganz.

DER LIEBLING DER GÖTTER

Ich liebe dieses Gedicht, diese achtzehn Worte. Hier stocke ich schon. Sind es wirklich achtzehn Worte oder vielleicht nur siebzehn? Goethe selber hat den vier Versen – man kann es kaum glauben – keine Bedeutung beigemessen. Er notierte sie 1777 in einem Brief an die Gräfin zu Stolberg, eine etwas jüngere Dame, die er nie gesehen hat, die er aber dringend benötigte – als Korrespondenzpartnerin, als Adressatin seiner Monologe. In eine Buchausgabe seiner Lyrik hat er das kurze Gedicht nie aufnehmen lassen.

Trotzdem wurde es bald veröffentlicht: Der Bruder der Empfängerin, Graf Friedrich Leopold zu Stolberg, hat die vier Verse in einem Aufsatz in der Zeitschrift »Deutsches Museum« zitiert. Der erste Vers lautet hier: »Alles geben die Götter, die unendlichen ...« So wurde das Gedicht über hundert Jahre lang in allen Goethe-Ausgaben gedruckt.

Doch in dem Brief an die Gräfin zu Stolberg, um den sich offenbar kein Editor gekümmert hat, beginnt das Gedicht anders: »Alles gaben Götter, die unendlichen ...« Also wie nun: »geben« oder »gaben«, »Götter« oder »die Götter« und somit siebzehn Worte oder achtzehn? Hat es Stolberg etwa gewagt, Goethes Verse zu redigieren? Das kann ich nicht glauben. Denn wäre es so, dann hätte der Autor, der das »Deutsche Museum« zu lesen pflegte, sofort protestiert. Es ist eher anzunehmen, daß die neue Fassung von Goethe selber stammte. Sollte aber Stolberg die beiden Änderungen vorgeschlagen oder vorgenommen haben, dann hat sie, dessen bin ich ziemlich sicher, Goethe gebilligt – stillschweigend oder in einem verlorengegangenen Brief.

Der Unterschied zwischen den beiden Fassungen ist keineswegs geringfügig. Die Hinzufügung des Artikels »die« verleiht auch dem ersten Vers den gleichmäßigen Rhythmus der drei übrigen Verse. Ich glaube nicht, daß Goethe diesen Rhythmus zunächst durchbrechen wollte. Und mit dem Verbum in der Vergangenheit drückt er eine allgemeine Erfahrung aus oder eine geschichtliche Erkenntnis: So war es einst, behauptet er. Heißt es aber im ersten Vers »geben«, dann ist mit dem Gedicht ein gegenwärtiger Zustand gemeint und (möglicherweise) eine persönliche Erfahrung.

Um nicht mißverstanden zu werden, schreibt Goethe in dem Brief an die Gräfin zu Stolberg von der »Unruhe des Lebens« (er meint: seines Lebens), läßt darauf die vier Verse folgen und fügt sogleich hinzu: »So sang ich neulich, als ich tief in einer herrlichen Mondnacht aus dem Flusse stieg der vor meinem Garten fliesst; und das bewahrheitet sich täglich an mir.« Von der Gleichzeitigkeit der außerordentlichen Freuden und der außerordentlichen Schmerzen in seinem Dasein hatte er sich etwas früher in einem Brief an seine Mutter geäußert: daß ihm nämlich der Tod der Schwester Cornelia (sie war am 8. Juni 1777 gestorben) »nur desto schmerzlicher sei«, als er ihn »in so glücklichen Zeiten« überrasche.

Dürfen wir das kurze Gedicht als eine Selbstcharakteristik verstehen? Gewiß, aber wann immer Goethe über sich selber spricht, spricht er auch über andere. Er weiß sehr wohl, daß er zu den Lieblingen der Götter gehört, er sagt es nicht nur in diesem Vierzeiler, sondern auch bei verschiedenen anderen Gelegenheiten, so gegen Ende jener späten »Elegie«, die wir die Marienbader nennen. Doch zugleich bezieht Goethe dieses Wort auf die Künstler, die Dichter: Sie sind Lieblinge der Götter, denn sie zeichnet die gesteigerte Fähigkeit aus, Glück zu erleben und Leiden zu empfinden.

Freilich haben wir damit bloß *eine* Voraussetzung des literarischen Künstlertums. Sie bedarf, um sich manifestieren zu können, noch einer anderen Fähigkeit: Wenn der Mensch in seiner Qual verstummt, ist es ihm, dem Poeten, gegeben, zu sagen, wie er leidet und was er leidet. Begnadet und gesegnet mit allen Freuden, den unendlichen, und geschlagen und gequält mit allen Schmerzen, den unendlichen, wurde Goethe zum Sachwalter der Glücklichen und der Leidenden, der Liebenden und der Verliebten. Oder auch: zum Dichter der Liebe.

(1999)

FRIEDRICH HÖLDERLIN
AN DIE PARZEN

Nur Einen Sommer gönnt, ihr Gewaltigen!
   Und einen Herbst zu reifem Gesange mir,
      Daß williger mein Herz, vom süßen
         Spiele gesättiget, dann mir sterbe.

Die Seele, der im Leben ihr göttlich Recht
   Nicht ward, sie ruht auch drunten im Orkus nicht;
      Doch ist mir einst das Heil'ge, das am
         Herzen mir liegt, das Gedicht gelungen,

Willkommen dann, o Stille der Schattenwelt!
   Zufrieden bin ich, wenn auch mein Saitenspiel
      Mich nicht hinab geleitet; Einmal
         Lebt ich, wie Götter, und mehr bedarfs nicht.

DEN GÖTTERN GLEICH

In seiner Studentenzeit war ihm die Politik mit Sicherheit
nicht gleichgültig. Natürlich hat auch ihn, wie die meisten
seiner Kommilitonen, die Französische Revolution begei-
stert oder zumindest irritiert. Doch hat er sich bald von der
Gegenwart entfernt: Sie war seine Zeit nicht mehr. Wie sein
Hyperion blieb er »auf der Erd' ein Fremdling«, die Zeitgenossen hielt er für »Barbaren von alters her«.

Mit den Jahren wurde die Zukunft, die ersehnte und er-
träumte, zu seiner Epoche. Unter den Klassikern der deutschen Literatur ist er der Seher, der größte, wahrscheinlich
der einzige. Er war ein Poet und ein Prophet zugleich. Und
die Vergangenheit, die antike zumal, die er, so will es doch
scheinen, immer wieder beschworen hat? In Wirklichkeit
war sie sein Thema nicht. Vielmehr diente sie ihm als Fun-
dus, von dem er reichlich profitierte, als Schatzkammer,
aus der er jene Elemente bezog, die er für seine Zukunftsvi-
sion benötigte – die Figuren und die Schauplätze, die Motive und die Requisiten.

Von den Göttern sagte er, daß sie zwar leben, »aber über
dem Haupt droben in anderer Welt«. Auch er lebte in einer
anderen Welt – auf der Erde zwar, doch auch in den Wolken. Als ihn seine Krankheit von der Wirklichkeit zunächst
entfernte und dann endgültig löste, da war er noch am
Neckar und schon dort, wohin ihm keiner folgen konnte:
er, der das Tiefste gedacht, das Lebendigste geliebt und das
Dunkelste gedichtet hatte.

Aber ein »Hüter des heiligen Feuers«, wie man es ihm bisweilen nachrühmte, war er niemals. Er hat nichts gehütet, es sei denn sein Verhängnis: Letztlich wollte er nichts anderes ausdrücken, nichts anderes besingen als seine Existenz, seinen Lebensentwurf. Was er auch dichtete, er sprach in eigener Sache – von seiner Liebe und Not, von seinem Glück und Elend. In seinem Werk stehen die Mauern sprachlos und kalt, es klirren die Fahnen, die Wetterfahnen – und mit ihnen klirren die Ketten, an denen er riß und zerrte und von denen er sich nie befreien konnte. Es ist ihm alles kläglich mißlungen – nur nicht die Poesie.

Sie, die Dichtkunst, war sein Beruf und seine Berufung, sie hielt er für seine einzige Aufgabe, in ihr sah er sein »freundlich Asyl« und des Lebens Sinn und Inhalt. Bloß sie, meinte er, rechtfertige das Dasein. Er glaubte an die Erlösung durch die Poesie. Das war sein fortwährendes Postulat, sein flammendes Programm.

Die berühmte Frage »Wozu Dichter in dürftiger Zeit?« sollte seine Leser, die er freilich kaum hatte, wachrütteln und provozieren. Es war, versteht sich, eine rhetorische Frage. Denn daß die Dichter gerade in dürftiger Zeit gebraucht werden, daran hat er nie gezweifelt, daß sie es sind, die das Bleibende stiften, das war seine Überzeugung, ja seine Heilsbotschaft. Als er nicht mehr dichten konnte, stellte er sachlich fest: »Ich bin nichts mehr, ich lebe nicht mehr gerne.« So gehört denn die Poesie selber zu den wichtigsten Themen seiner Poesie.

Die Ode »An die Parzen«, geschrieben 1798 in Frankfurt am Main, ist, wie viele seiner Gedichte, ein Gebet. Der es spricht, wendet sich an die Schicksalsgöttinnen, die über

die Lebensdauer des einzelnen entscheiden. Nur ein Be-
gehren hat er: Die Parzen, die Gewaltigen, mögen ihm die
Zeit gönnen, die unentbehrlich ist, damit sein Gesang reif
werde.

Wie seine Gedanken an die Liebe immer eschatologisch
gefärbt und bestimmt sind, so liegt auch seiner Idee vom
Dichter das Bewußtsein von den Letzten Dingen zugrunde.
In jeder der drei Strophen dieser Ode ist vom Tod die
Rede. Wem das süße Spiel, der Gesang also, gelungen, dessen Herz stirbt williger: Er kann sich mit seiner Vergänglichkeit abfinden. Ihm ist seine Nichtexistenz – die Stille
der Schattenwelt – sogar willkommen.

Obwohl ihn sein Saitenspiel nicht mehr hinab in den Orkus geleitet, obwohl dort seine Kunst nicht existiert oder
zumindest für ihn, den Künstler, nicht mehr wahrnehm-
bar ist, wird er doch »zufrieden« sein. Denn einmal wenigstens lebte er wie die Götter. Dies aber ist nicht als Befund
zu verstehen, sondern als Wunsch: Er, der Poet, der »das
Heil'ge« vollbracht, das vollkommene Gedicht, er hat alles
erreicht, was ein Mensch erreichen kann; so gleicht er
einem Gott. Mit anderen Worten: Nur der Kunst verdankt
die Seele ihre göttliche Existenz. Oder auch: Die Kunst ist
es, die unser Dasein erträglich machen kann. So verbirgt
sich im Gebet des Künstlers ein Gleichnis menschlichen
Sehnens und Strebens.

Die Ode »An die Parzen« gehört zu den Wundern in
deutscher Sprache. Aus ihr sprechen Stolz und Selbstbe-
wußtsein, doch ohne Dünkel und Anmaßung. Mächtig ist
die Emphase und dennoch frei von Übermut. Das Pathos
läßt sich nicht überbieten und ist doch weder laut noch

aufdringlich. Gefühl und Gedanke – hier bilden sie eine vollkommene Einheit. Die makellose Harmonie von Ton und Bild – hier ist sie verwirklicht.

Es mag nicht einfach sein, diesen so anspruchsvollen Dichter zu lieben. Aber es ist unmöglich, ihn nicht zu bewundern, es ist schwierig, ihn nicht zu verehren, ihn, Friedrich Hölderlin.

(1994)

HEINRICH HEINE
EIN JÜNGLING LIEBT
EIN MÄDCHEN

Ein Jüngling liebt ein Mädchen,
Die hat einen andern erwählt;
Der andre liebt eine andre,
Und hat sich mit dieser vermählt.

Das Mädchen heiratet aus Ärger
Den ersten besten Mann,
Der ihr in den Weg gelaufen;
Der Jüngling ist übel dran.

Es ist eine alte Geschichte,
Doch bleibt sie immer neu;
Und wem sie just passieret,
Dem bricht das Herz entzwei.

DIE ALTE GESCHICHTE

Heine, der Panerotiker, dem man gerne nachsagt, er sei
der frivolste deutsche Dichter, war in Wirklichkeit der dis-
kreteste: So wissen wir über die erotischen Erlebnisse, die
seinen Versen zugrunde lagen, so gut wie nichts. Zu den
wenigen Ausnahmen gehört das Gedicht »Ein Jüngling
liebt ein Mädchen« aus dem »Lyrischen Intermezzo«.

Die Sache ist längst geklärt: Der junge Heine liebte seine
Hamburger Cousine Amalie, die von ihm nichts wissen
wollte, da sie in einen anderen verliebt war; dieser wiederum gab einem anderen Mädchen den Vorzug – weshalb
die verärgerte Amalie eiligst einen John Friedländer aus
Ostpreußen heiratete. Heine ging leer aus und war, wie
man sich denken kann, enttäuscht und verbittert. Er hat
sich darüber in Briefen an Freunde mehrfach geäußert –
nicht sehr ausführlich, doch unmißverständlich.

Das Gedicht erzählt den Vorgang. Aber die Darstellung
ist ungewöhnlich. Denn hier wird nicht beschrieben oder
geschildert, hier werden nur Mitteilungen aneinanderge-
reiht, hier wird referiert. Noch knapper und sachlicher
geht es nicht: Für eine Affäre, in die immerhin fünf Perso-
nen verstrickt waren, braucht Heine nur zwei Strophen mit
insgesamt acht kurzen Versen. Das poetische Vokabular,
von dem er damals, um 1822, reichlich Gebrauch machte,
wird vermieden. Hier finden wir kein Mondlicht, keinen
Abendglanz, keine Morgensonne und weder Wald noch
Flur, weder liebliche Blumen noch schattige Bäume. Nichts

erfahren wir über des Mädchens Äugelein und Wängelein
und Händchen klein.

Verwendet werden nur die gebräuchlichsten Worte, die
Worte des prosaischen Alltags. Der Autor berichtet kühl
und gleichgültig – so auffallend kühl und so betont sachlich, daß man gleich vermutet, er wolle etwas verbergen.
Die kurzen Feststellungen ergeben einen Duktus, den
man später Telegrammstil nennen wird. Was sie zur Folge
haben, dafür hat die deutsche Sprache (ein interessanter
Umstand!) kein Wort zur Verfügung. Wir müssen uns mit
einem Fremdwort behelfen: *Understatement*. Das Fazit
macht dann ganz deutlich: In den beiden informierenden
Strophen haben wir es mit einem schreienden *Understatement* zu tun.

Diese Geschichte sei alt und banal, doch gleichwohl
neu – für jenen nämlich, der sie erleben muß. Denn der
Schmerz verdrängt alle anderen Regungen. Und die Tatsa-
che, daß Millionen ähnliches erlitten haben und gleichzei-
tig erleiden, ist kein Trost. Wen es betrifft, richtiger: trifft,
dem (erst jetzt gibt es als Schlußakkord ein poetisches Bild)
bricht das Herz entzwei. Den harten männlichen Reimen,
die die Ordnung vortäuschen *(erwählt – vermählt, Mann –
dran)*, folgt in der dritten Strophe nur ein Halbreim. Wenn
ihm aber daran gelegen wäre, dann hätte Heine einen rei-
nen Reim auf »neu« schon gefunden. Aber hier wollte er
den unreinen, eben den Halbreim haben. Das Reimwort,
das er wählt – *entzwei* – klingt wie ein Verzweiflungsruf: Es
lehnt sich gegen die Harmonie auf.

Der erste Vers der letzten Strophe ist übrigens ein Selbst-
zitat: Im Brief an einen Freund, dem er über Amalie schrieb,

bezeichnete er sie als »die Klippe, woran mein Verstand
gescheitert ist«. Und fügte hinzu: »Es ist eine alte Geschichte.« Gescheitert? Ja, denn die Liebe »sieht mit dem Gemüt,
nicht mit den Augen. Und ihr Gemüt kann nie zum Urteil
taugen«. Das stammt von jenem, dessen Werk Heine »das
weltliche Evangelium« nannte: von Shakespeare.

Von den vielen Komponisten, die Heines Lieder vertont
haben, gebührt Robert Schumann die Palme. Doch das Gedicht »Ein Jüngling liebt ein Mädchen« (wohl nur dieses
einzige) hat er leider mißverstanden.

Das Tempo des Liedes hat er nicht bestimmt, so daß
es stets flott und munter gesungen wird – und es läßt sich
gar nicht anders singen. Den düsteren, den alarmierenden
Hintergrund hören wir sowenig wie den Aufschrei des Liebenden. Die zwischen den Zeilen verborgene Dramatik hat
Schumann übersehen. Da hilft auch nicht das Ritardando
bei *wem sie just passieret*. Nach den letzten Worten kehrt
die Begleitung sofort zum ursprünglichen Zeitmaß zurück,
dem raschen, dem heiteren.

Schumann hat viele Gedichte Heines noch schöner und
noch reicher gemacht, dieses jedoch ärmer. Aber es ist vollkommen – ohne Musik.

(1997)

HEINRICH HEINE
LEISE ZIEHT DURCH MEIN GEMÜT

Leise zieht durch mein Gemüt
Liebliches Geläute.
Klinge, kleines Frühlingslied,
Kling hinaus ins Weite.

Kling hinaus, bis an das Haus,
Wo die Blumen sprießen,
Wenn du eine Rose schaust,
Sag, ich laß sie grüßen.

EINE HERRLICHE BAGATELLE

Dieses Gedicht bedarf nicht der geringsten Erklärung. Es erzählt von einem Frühlingslied, das ins Weite hinausklingen möge, bis an ein bestimmtes Haus, »wo die Blumen sprießen«; und wenn es dort eine Rose finde, dann solle es sie grüßen – von jenem, der es auf den Weg geschickt hat. Das ist alles. Dreimal verwendet Heine in den acht Versen das Verbum »klingen«. Das eben ist diese poetische Miniatur: Klang, Rhythmus und Melodie, es ist »liebliches Geläute«. Nur liebliches Geläute, schwebend, anspruchslos und ein wenig konventionell? Eine hübsche Bagatelle also und nicht mehr?

Die Verse sind in einem wichtigen, einem folgenreichen Jahr im Leben Heines entstanden: 1831. Er hatte damals beschlossen, nach Frankreich umzuziehen und sich in Paris niederzulassen. Die Entscheidung, sich von dem Land seiner Sprache zu trennen, war ihm zwar schwergefallen, doch bedauert hat er sie nie. Gewiß, hier wie dort galt er als ein Außenseiter, als ein Fremdling. Aber unter den Deutschen war er ein Jude, unter den Franzosen ein Deutscher. Mit anderen Worten: In Deutschland gehörte er zu den Ausgestoßenen, in Frankreich zu den Ausländern.

In Heines »Buch der Lieder«, das vier Jahre vor dem Gedicht »Leise zieht durch mein Gemüt« veröffentlicht wurde, steht die Liebe im Mittelpunkt, beinahe immer die unglückliche Liebe. Denn zwischen und hinter den Versen der berühmten Sammlung verbirgt sich das Leid eines

jungen Menschen, der, in die deutsche Welt hineingebo-
ren, von ihr angenommen werden möchte. Wir hören von
einem Neuankömmling in der Gesellschaft, dem man die
Gleichberechtigung verweigert, der verschmäht und zu-
rückgewiesen wird, der allein und einsam bleibt. Diese
besondere Situation des Juden Heine verleiht seiner frühen
erotischen Lyrik ihre Trauer und ihre scharfen Akzente,
ihren Gram und ihren Groll. Ihr zugleich verdankt sie ihren
Reiz und ihre Eigenart.

Das Lied »Leise zieht durch mein Gemüt« behandelt
ebenfalls das zentrale Motiv des »Buchs der Lieder«, doch
jetzt auf andere Art. Blumen gehören zu den ältesten Sym-
bolen der Weltliteratur, Rosen zu den beliebtesten: Wenn
von ihnen in der Poesie die Rede ist, hat der Autor (natürlich nicht immer, aber sehr häufig) Frauen im Sinn und die
Liebe. Das trifft auch auf unser Gedicht zu. Denn warum
sonst sollte jener, der hier spricht, an einer Rose so sehr
interessiert sein, daß er ihr ein Lied wie eine Brieftaube sen-
den möchte?

Das Frühlingslied ist also beides in einem: der Postillon
d'Amour und die offenkundig zarte Botschaft, die über-
bracht werden soll. Ähnliches war schon im »Buch der
Lieder« zu lesen. Aber das Lebensgefühl, das hier zutage
tritt, ist ungleich milder und sanfter als früher, von Bitter-
nis, von Unmut oder Zorn gibt es im Gedicht »Leise zieht
durch mein Gemüt« keine Spur mehr. Das hat, glaube ich,
mit Heines Entscheidung von 1831 zu tun.

Ob diese so harmlos anmutenden Verse kurz vor seiner
Umsiedlung nach Frankreich entstanden sind oder kurz
danach – auf jeden Fall vernehmen wir die Stimme nicht

mehr jenes Unglücklichen, der sich lauthals und bisweilen schrill beklagte, er habe die Liebe vergeblich gesucht und vergeblich die Hände ausgestreckt, die Antwort sei stets nur Haß gewesen. Würde ihn auch jene Schöne abweisen, die ihm unter allen Blumen die Rose, unter allen Frauen die allerschönste scheint? Er will es nicht darauf ankommen lassen, er will nicht vor ihrer Tür stehen oder zu ihrem Fenster hinaufblicken. Ihm genügt es, wenn sein Frühlingslied sie erreicht. Das übrige wird sich schon von selbst ergeben – oder auch nicht. Nur: Ob sein Gruß erwidert werden wird, kann er gelassen abwarten.

So zeugt das Gedicht von einem anderen, einem neuen Abschnitt im Leben Heinrich Heines, von seiner nach vielen Niederlagen erlangten Selbstsicherheit und Souveränität, von seiner endlich gewonnenen Freiheit. Muß man den biographischen Hintergrund kennen, um von dem Gedicht entzückt zu sein? Nein, aber es kann auch nicht schaden. Die kaum zu überbietende Popularität dieser Verse hängt freilich in erster Linie mit ihrer sprachlichen Vollendung zusammen, mit ihrem Charme und ihrer Grazie – und übrigens auch mit der Vertonung, die von Felix Mendelssohn Bartholdy stammt. Es ist eine Bagatelle, jawohl, aber eine herrliche Bagatelle.

(1999)

THEODOR STORM
LIED DES HARFENMÄDCHENS

Heute, nur heute
Bin ich so schön;
Morgen, ach morgen
Muß Alles vergehn!
Nur diese Stunde
Bist du noch mein;
Sterben, ach sterben
Soll ich allein.

SPIEGEL UNSERER SEELE

Er gehörte zu meinen literarischen Jugenderlebnissen: Ich bewunderte seine Novellistik, und ich habe mich sofort (ich war vierzehn Jahre alt) in einige seiner Gedichte verliebt. Ein großer Dichter – meinte Fontane – war er, Theodor Storm, wohl nicht, doch »ein liebenswürdiger durch und durch, und, wenn der Ausdruck gestattet ist, ein recht poetischer Poet«. Das mag etwas schlampig formuliert sein, aber es trifft ins Schwarze.

Er schrieb keine Epen, keine mächtigen Oden, keine gewaltigen Hymnen. Seine Verse sind still und scheu, herb und herzlich. In ihnen gibt es keine ärgerlichen Klänge. keine falschen Töne: Diese Lyrik ist (man sehe mir die oft mißbrauchten Worte nach) innig und innerlich, wehmütig, doch nicht wehleidig – wie die zartesten, die schönsten deutschen Volkslieder.

Daseinsbejahung war Storms Sache nicht, das Glück und die Freude, den Erfolg und den Sieg hat er fast nie besungen. In seiner kleinen Welt scheinen Sonne, Mond und Sterne, gewiß, nur bleibt ihr Licht gedämpft. Denn das Naturphänomen, das es ihm vor allem angetan hat, ist der Nebel, der undurchsichtige und unerbittliche, der reale und der symbolische. Seine nordischen Elegien schämen sich des Provinziellen nicht, ihr Thema ist das bittere Los des Menschen, also die große Vergeblichkeit.

Die Lektüre Storms habe ich mit jener düsteren und doch milden Idylle begonnen, die sich hier und da dem Sen-

timentalen nähert – mit der Novelle »Immensee« aus dem
Jahre 1850. Sie rührte mich, aber was mich aufschreckte,
war nicht diese Liebesgeschichte, vielmehr ein Lied, das
in ihr vorkommt, gesungen von einem »Zithermädchen
mit zigeunerhaften Zügen«. Storm hat es später, als er es
in seinen ersten Lyrikband aufnahm, mit einer das Instru-
ment ein wenig nobilitierenden Überschrift versehen:
»Lied des Harfenmädchens«.

Ich zögere nicht, dieses Gedicht zu den schönsten poetischen Gebilden in deutscher Sprache zu zählen. Seine Wirkung hängt zunächst mit dem zusammen, was es ausspart,
was in ihm nicht enthalten ist. Es besteht aus nur 26 Worten. Sie bieten uns vier lapidare Feststellungen und – um es
gleich zu sagen – keinen neuen oder selbständigen Gedanken. Woher die sanfte Kraft dieses Gedichts? Natürlich:
vom Stil.

In diesen Versen ist alles vermieden, was auch nur im
entferntesten an etwas Feinsinniges erinnern würde, in
ihnen gibt es kein einziges Bild und keinen einzigen Ausdruck, die der Leser als poetisch empfinden könnte. Und
Storm verzichtet auch auf die von den meisten Lyrikern so
geliebten Eigenschaftswörter (mit einer einzigen Ausnahme: »schön«), er verwendet ausschließlich die gebräuchlichsten Vokabeln der Alltagssprache.

So haben wir es mit maximaler Selbstbeschränkung zu
tun. Es gehen aber in der Dichtung derartige Verknappun-
gen oft auf Kosten der Natürlichkeit der Sprache und der
Melodik der Verse. Davon kann bei Storm nicht die Rede
sein, diese poetische Miniatur kennt keine Künstlichkeit.
Im Gegenteil: Noch leichter und lockerer läßt sich das

Deutsche nicht handhaben, und der Wohlklang ist in diesen acht Zeilen so unauffällig wie vollkommen.

Was uns der Autor zu sagen hat? Nun, das Leben des Menschen sei vergänglich, und wir fürchteten den Tod, den einsamen zumal. Das ist alles – und wir wußten es längst. Wozu also Gedichte, die uns weiter nichts mitzuteilen haben? Wir brauchen sie, damit sie uns unsere Empfindungen und Leiden, unsere Hoffnungen und Ängste bewußt und erkennbar machen. Wir brauchen Gedichte, in denen wir uns wiederfinden können, Gedichte, die sich, um ein großes Wort zu riskieren, als Spiegel unserer Seele verwenden lassen.

»Heute«, »morgen« und »sterben« – drei Worte bilden die Achse des Liedes, und sie reichen aus, um zu vergegenwärtigen, was Storm vergegenwärtigen will. Ihre zentrale Rolle deutet er mit dem einfachsten und zugleich wirkungsvollsten Mittel an: Er wiederholt jedes der Schlüsselworte, jeweils nur eine Silbe zwischen sie stellend. Überdies folgen die drei Verse dem gleichen Muster: »Heute, nur heute … Morgen, ach morgen … Sterben, ach sterben«. Ob sich vielleicht in der Wiederholung des Schemas das Geheimnis des Zaubers verbirgt, der von diesem Lied ausgeht?

Jedenfalls kenne ich kein schlichteres Gedicht in deutscher Sprache. Dennoch ist es in höchstem Maße originell. Dennoch? Nein. Storms »Lied des Harfenmädchens« verdankt seine Originalität der einzigartigen Schlichtheit.

(2000)

FRIEDRICH HEBBEL
WENN DIE ROSEN EWIG BLÜHTEN ...

Wenn die Rosen ewig blühten,
    Die man nicht vom Stock gebrochen,
Würden sich die Mädchen hüten,
    Wenn die Bursche nächtlich pochen.

Aber, da der Sturm vernichtet,
    Was die Finger übrigließen,
Fühlen sie sich nicht verpflichtet,
    Ihre Kammern zu verschließen.

DIE KAMMERN DER MÄDCHEN WERDEN
NICHT VERSCHLOSSEN

Gegen Ende des neunzehnten Jahrhunderts galt Hebbel als
der jüngste, der letzte der deutschen Klassiker. Vieles aus
seiner Feder wurde geschätzt, manches sogar, die Tagebü-
cher zumal, bewundert. Aber wurde er je geliebt? Seine
Werke seien, hieß es immer wieder, spekulativ, kalt und
konstruiert. Nicht das Sinnliche und Anschauliche domi-
niere bei ihm, sondern das Gedankliche und Weltanschau-
liche, oft ist vom Grüblerischen die Rede. Das trifft schon
zu, und es fällt mir schwer, an eine Hebbel-Renaissance
zu glauben. Nur sollte man nicht vergessen, daß er zu den
exemplarischen Autoren des neunzehnten Jahrhunderts
gehört.

Der Tradition verpflichtet, war er keineswegs altmodisch. Sein Drama verdankt viel den deutschen Klassikern, weist aber zugleich auf Ibsen voraus. Es gibt bei ihm
Gedichte, die an Mörike erinnern (freilich ohne dessen
wunderbare Sanftheit) und an Heine (freilich ohne dessen
Witz), und andere, die an das frühe zwanzigste Jahrhundert
denken lassen, mitunter wird man von Rilke-Tönen überrascht. Sicher ist: Seiner Lyrik geschieht ein Unrecht. Sie
wurde schon vor hundert Jahren unterschätzt und wird es
heute erst recht. Gewiß, in größeren Anthologien gibt es für
ihn Platz, fast immer für dieselben vier oder fünf (sehr schönen) Gedichte, für das »Herbstbild« und das »Sommer-
bild«, für das »Nachtlied« und das »Abendgefühl«.

Ich will hier eine Lanze brechen für Hebbels Lyrik, und dies mit Hilfe eines so unbekannten Gedichts, daß man es sogar in der 1965 im Hanser Verlag erschienenen fünfbändigen Ausgabe seiner »Werke« vergeblich sucht. Aber ich will gleich zugeben, daß ich in diesem Fall befangen bin. Die Sache ist die: Ich war fünfzehn Jahre alt, als mir in einem alten Hebbel-Band sein Gedicht »Wenn die Rosen ewig blühten ...« auffiel. Ich habe es in den seitdem verstrichenen über sechzig Jahren nicht vergessen. Was hat mich damals so beeindruckt? Wohl zunächst Eigenschaften, auf die die Lyrik nicht angewiesen ist und von denen die Seher unter den deutschen Poeten nichts wissen wollten: die Klarheit, meine ich, und die Logik.

Die einfache These des Gedichts lautet: Da das Leben vergänglich ist, haben die Mädchen keine Bedenken, die Burschen in ihre Kammern einzulassen. Ob Hebbel dies für bedauerlich oder für empfehlenswert hält, verrät er uns nicht. Er sagt nur: So ist es. Nun findet sich dieser Gedanke in zahllosen Versen, im Mittelalter ebenso wie in der Antike. Auch das Motiv, das hier die Vergänglichkeit veranschaulicht – das Verblühen der Blumen –, ist uralt. Also ein banales Gedicht? Schwamm drüber?

Die meisten Gedichte, die Elementares ausdrücken, sind gedanklich trivial. Wenn es aber unter ihnen auch solche gibt, die uns noch nach Jahrhunderten, ja nach Jahrtausenden rühren, so hat es nur mit ihrem dichterischen Reiz zu tun, einem Reiz, der die Lyrik von der Prosa unterscheidet und der sich letztlich einer überzeugenden Definition entzieht. Überdies: Wer ganz Schlichtes poetisch formulieren möchte, ist gut beraten, sich einer möglichst schlichten, unauffälligen Sprache zu bedienen und auch eine möglichst schlichte Form zu wählen.

Alle Worte dieser Verse entstammen dem Alltag, keine Wendung ist erkünstelt, kein Reim ist erzwungen. Das Gedicht besteht aus klaren Feststellungen und einfachen Mitteilungen. Die Form hat Hebbel übernommen – von Eichendorff, Heine, Mörike und von vielen anderen, Goethe natürlich nicht ausgeschlossen: Es ist die vierzeilige im deutschen Volkslied besonders beliebte Strophe mit dem Kreuzreim, also a-b-a-b in der ersten Strophe und c-d-c-d in der zweiten.

Hebbels Kunst zeigt sich vor allem in der Stimmung des Gedichts: Es ist elegisch und schwermütig, seine Melodie zeugt von Resignation. Der Mensch ist, wie es schon in den Psalmen heißt, nur »ein Gast auf Erden« – damit müssen wir uns abfinden. Aber wir dürfen uns von niemandem und von keiner Institution hindern lassen, aus dieser bitteren Erkenntnis die Folgerung zu ziehen. Denn wir wollen glücklich sein – hienieden und nicht erst im Himmelreich. Daher werden die Kammern der Mädchen, wenn die Burschen nächtlich pochen, gern geöffnet.

Daß wir nur einmal auf Erden sind, dieser Einsicht und dem, was sich aus ihr ergibt oder ergeben sollte, verhilft das kleine Gedicht, das wie ein Volkslied anmutet, zur einleuchtenden, ja zur leuchtenden Wirkung.

(1999)

RICHARD WAGNER
EIN RUNDES, EIN SCHÖNES GEDICHT

Mein Freund! In holder Jugendzeit,
wenn uns von mächt'gen Trieben
zum sel'gen ersten Lieben
die Brust sich schwellet hoch und weit
ein schönes Lied zu singen
mocht' vielen da gelingen:
der Lenz, der sang für sie.

Kam Sommer, Herbst und Winterzeit,
viel Not und Sorg' im Leben,
manch ehlich Glück daneben,
Kindtauf', Geschäfte, Zwist und Streit:
denen's dann noch will gelingen,
ein schönes Lied zu singen,
seht, Meister nennt man die.

ALLER ANFANG IST LEICHT

Ein rundes, ein schönes Gedicht von Richard Wagner? In
der Tat, das gibt es. Allerdings ist es versteckt, wenn auch
an einer keineswegs entlegenen Stelle. Es geht um den Ritter Walther von Stolzing, der unlängst aus dem Franken-
land nach Nürnberg gekommen ist. Er möchte dringend
das Fräulein Pogner ehelichen, welches fatalerweise schon
einem anderen versprochen ist, einem nämlich, der ein öf-
fentliches Wettsingen gewinnen werde. Sie wird also von
ihrem ehrgeizigen Vater als Preispokal mißbraucht, was
übrigens den Nürnberger Feministinnen des 16. Jahrhunderts gar nicht gefallen hat.

Für den Rittersmann gibt es nur eine Chance: Auch er
muß an dem geplanten Wettbewerb teilnehmen und ihn
natürlich gewinnen. Die Sache hat einen Haken: Er hat die
Prüfung, das Probesingen am Vortag in der Kirche, nicht
bestanden. Sein Lied war für die Meistersinger – und ohne
sie läuft in Nürnberg nichts – zu feurig, zu stürmisch und,
vor allem, zu modern.

Aber der Ritter hat Glück: Er findet einen Bewunderer, der sich in den Kopf gesetzt hat, zwischen dem Neuankömmling und dem städtischen Kulturbetrieb zu vermitteln. Hans Sachs ist es, der nun als Stolzings Mentor
und Impresario fungiert. Er will, daß der schmucke Rittersmann ein Lied dichtet und komponiert, das von seiner künstlerischen Eigenart zeugen würde und das dennoch den Meistern und womöglich auch dem Volk gefallen

könnte. Er soll nicht nur ein schönes Lied verfertigen, sondern zugleich ein Meisterlied. Da fragt es sich, was das denn eigentlich sei – ein Meisterlied? Das möchte Stolzing wissen – und wir auch.

Sachs formuliert seine Antwort in einem Gedicht, das, aus zwei siebenzeiligen gereimten Liedstrophen besteht. Was er zu sagen hat, ist ganz einfach: Die beliebte Wendung »Aller Anfang ist schwer« wird von ihm außer Kraft gesetzt. Für die Dichter, für die Künstler gelte oft gerade das Umgekehrte. In holder Jugendzeit, da sei schon vielen ein schönes Lied gelungen, denn: »der Lenz, der sang für sie«. Jene, die später, also nach dem frühen Erfolg, trotz der Sorgen und Widrigkeiten im täglichen Leben der Dichtung treu bleiben und weiterhin schöne Lieder singen, die erst, meinen Richard Wagner und Hans Sachs, hätten sich als Meister bewährt. Haben sie recht?

Viele Autoren schaffen ein erstes Buch von beachtlicher oder sogar wunderbarer Qualität, haben dann jedoch große Schwierigkeiten, den frühen Erfolg einzuholen. Er hat in der Regel zwei Ursachen. Ja ist zunächst ein Grunderlebnis des angehenden Schriftstellers (Liebe, Krieg, Vater-Sohn-Konflikt und ähnliches), dem jugendliche Frische und Unmittelbarkeit des Ausdrucks zur Wirkung verhelfen. Kurz: Beim Debüt, da hat dem Autor der Lenz geholfen.

Stimmt das? Hier gleich drei Beispiele auf der Ebene unserer Klassiker: Goethes »Werther«, Heines »Buch der Lieder«, Thomas Manns »Buddenbrooks«. Es hat viele Jahre gedauert, bis Goethe und Thomas Mann wieder einen Roman von größtem Format veröffentlichen konn-

ten. Kein Wort des Lobes über die »Wahlverwandtschaf-
ten« und den »Zauberberg« ist zuviel. Aber die Energie
und die Spannkraft der jugendlichen Erstlinge kann man
ihnen nicht mehr nachrühmen. Von Heine gibt es bessere
und tiefere Verse als die frühen Gedichte, die er im »Buch
der Lieder« zusammengefaßt hat. Aber gibt es auch schö-
nere und erfolgreichere? Sicher ist: In allen drei Fällen war
der Lenz im Spiel. Vielleicht trifft das auch auf das Werk
eines zeitgenössischen Klassikers zu. Ich meine die »Blech-
trommel«.

Es mag nicht ganz einfach sein, sich mit dem betulichen
und etwas altbackenen Vokabular dieses Wagner-Gedichts
abzufinden. Was immer er war – ein moderner Sprach-
künstler war er bestimmt nicht. Doch zuviel klagen sollten
wir nicht, denn das »Meistersinger«-Libretto, ein Glanz-
stück dieser Gattung, ist zumindest in stilistischer Hinsicht
dem »Tristan«-Libretto haushoch überlegen. Wie auch immer: Mir gefällt diese weise, diese nachdenkliche Belehrung, ich halte sie für einen der poetischen Höhepunkte
der »Meistersinger«. Wagner, dieser geniale Halunke, er
konnte, wenn ihm daran lag, auch ein rundes, ein schönes
Gedicht schreiben.

(2001)

THEODOR FONTANE
AN MEINEM FÜNFUNDSIEBZIGSTEN

Hundert Briefe sind angekommen,
Ich war vor Freude wie benommen,
Nur etwas verwundert über die Namen
Und über die Plätze, woher sie kamen.

Ich dachte, von Eitelkeit eingesungen:
Du bist der Mann der »Wanderungen«,
Du bist der Mann der märk'schen Geschichte,
Du bist der Mann der märk'schen Gedichte,
Du bist der Mann des Alten Fritzen
Und derer, die mit ihm bei Tafel sitzen,
Einige plaudernd, andre stumm,
Erst in Sanssouci, dann in Elysium;
Du bist der Mann der Jagow und Lochow,
Der Stechow und Bredow, der Quitzow und
                              Rochow,
Du kanntest keine größeren Meriten
Als die von Schwerin und vom alten Zieten,
Du fandst in der Welt nichts so zu rühmen,
Als Oppen und Groeben und Kracht und Thümen;
An der Schlachten und meiner Begeisterung Spitze
Marschierten die Pfuels und Itzenplitze,
Marschierten aus Uckermark, Havelland, Barnim
Die Ribbecks und Kattes, die Bülow und Arnim,
Marschierten die Treskows und Schlieffen und
                              Schlieben –

Und über alle hab' ich geschrieben.
Aber die zum Jubeltag da kamen,
Das waren doch sehr, sehr andre Namen,
Auch »sans peur et reproche«, ohne Furcht und Tadel,
Aber fast schon von prähistorischem Adel:
Die auf »berg« und auf »heim« sind gar nicht zu
                                                    fassen,
Sie stürmen ein in ganzen Massen,
Meyers kommen in Bataillonen,
Auch Pollacks und die noch östlicher wohnen;
Abram, Isack, Israel,
Alle Patriarchen sind zur Stell',
Stellen mich freundlich an ihre Spitze,
Was sollen mir da noch die Itzenplitze!
Jedem bin ich was gewesen,
Alle haben sie mich gelesen,
Alle kannten mich lange schon,
Und das ist die Hauptsache …, »kommen Sie, Cohn«.

ABRAM, ISACK, ISRAEL

Das ist der Inhalt dieses Gedichts: Ich, Theodor Fontane, habe ein Leben lang die Mark Brandenburg und den preußischen Adel besungen, doch an meinem Jubeltag, dem fünfundsiebzigsten Geburtstag, waren die, die ich so gerühmt habe, allesamt abwesend, aber andere, die meine Bücher kennen, sind sehr wohl gekommen, die Juden nämlich. Ist das alles, was er sagen wollte? Jawohl, das ist alles. Sein Gedicht jedoch, gar nicht kurz, umfaßt vierzig Verse. Also vielleicht doch etwas zu redselig? Nein, eben nicht – hier ist kein Vers überflüssig, kein Wort zuviel.

Fontane und der preußische Adel – das ist die Geschichte einer unglücklichen Liebe, die sein Dasein nicht selten verdüsterte. Denn er hat die Aristokratie unermüdlich umworben, er war in sie nahezu vernarrt. Aber diese Zuneigung, diese Passion wurde ihm mit Gleichgültigkeit vergolten. Weil er jene, die er bewunderte und verherrlichte, zugleich nüchtern und skeptisch sah? Weil es die Spannung zwischen Sympathie und Zweifel war, die stets seine Sicht bestimmte? Weil er sich von der Liebe nicht blenden ließ und den Adligen mitunter sagte, was sie, wenn sie ihn überhaupt lasen, nicht hören wollten?

Daß sie sich an seinem Jubeltag nicht blicken ließen, empfand er als schnöden Undank, als Brüskierung. Darüber beklagt und beschwert er sich in seinem Gedicht. Nur ist es eine Beschwerde ohne Selbstmitleid, eine Klage ohne Pathos und Larmoyanz. Um all dies zu vermeiden, wählt Fontane die einfachste Form: Er erzählt, indem er aufzählt.

Zunächst wird der Alte Fritz genannt, dem, immerhin, einige freundliche Worte gewidmet sind. Dann folgen die Namen von einundzwanzig preußischen Familien. Karg ist die Aufzählung, es gibt hier kein Adjektiv (bei Zieten gehört es zum Namen), wir erfahren bloß – dies aber gleich dreimal –, daß diese Geschlechter *An der Schlachten und meiner Begeisterung Spitze / Marschierten.* Dem entspricht die hämmernde Litanei dieser zweiten Strophe, der forsche Marschrhythmus, den Fontane im letzten Vers (mit gutem Grund) nicht mehr anwendet: *Und über alle hab' ich geschrieben.*

Langsam und nachdenklich, der Tempowechsel ist unverkennbar, beginnt die dritte Strophe. Wieder dominiert eine Aufzählung, doch den strammen, schneidigen Rhythmus gibt es nicht mehr. Die, von denen jetzt die Rede ist, stürmen zwar ein *in ganzen Massen,* sie *kommen in Bataillonen,* aber der militärische Wortschatz ist nur noch bare Ironie. Denn die *Abram, Isack, Israel,* die *fast schon von prähistorischem Adel* sind, sie marschieren nicht, sie lesen. Sie sind vom Volk des Buches. Und sie haben ihn, Fontane, lange schon gelesen.

In der Aufforderung »*kommen Sie, Cohn*« vernehmen wir in knappster Formulierung seinen Dank, vielleicht gar seine Rührung. Der hier für die Juden steht, Fritz Theodor Cohn, war Mitinhaber des Verlags von Fontanes Sohn. Übrigens wurde das Gedicht »An meinem Fünfundsiebzigsten« erst nach Fontanes Tod gedruckt. Es hätte, wurde ihm gesagt, die Juden kränken können: Sie seien nur deshalb so willkommen gewesen, weil die adligen Gratulanten ausblieben. Er hat sofort auf die Veröffentlichung verzichtet.

Mit Zitaten läßt sich leicht nachweisen, daß Fontane die deutschen, die Berliner Juden geschätzt hat und in manchem Augenblick drauf und dran war, »ein Dankgebet zu sprechen, daß die Juden überhaupt da sind«. Und mit Zitaten kann man nachweisen, daß sie ihm nicht selten auf die Nerven gingen; in seinen späten Briefen finden sich auch böse, ja gehässige Worte gegen die Juden.

Aber er war weder Philosemit noch Antisemit. Jede einseitige Betrachtung ist hier falsch, schädlich. Er war eine widerspruchsvolle Persönlichkeit, ein Schriftsteller, der, wie sein Dubslav von Stechlin, an »unanfechtbare Wahrheiten nicht glaubte« und gerne alles mit einem Fragezeichen versah. Wir sollten uns hüten, seine Schwächen und Irrtümer zu retuschieren oder zu ignorieren. Was auch gegen Fontane gesagt werden muß: Sein Werk ist »kolossal«.

(1998)

PAUL BOLDT
IN DER WELT

Ich lasse mein Gesicht auf Sterne fallen,
Die wie getroffen auseinander hinken.
Die Wälder wandern mondwärts, schwarze Quallen,
Ins Blaumeer, daraus meine Blicke winken.

Mein Ich ist fort. Es macht die Sternenreise.
Das ist nicht Ich, wovon die Kleider scheinen.
Die Tage sterben weg, die weißen Greise.
Ichlose Nerven sind voll Furcht und weinen.

EIN GESICHT IST
AUF DIE STERNE GEFALLEN

Die Dichter des deutschen Expressionismus, hörte ich einmal einen Kollegen spotten, hätten viel im Bauch gehabt
und wenig im Kopf. Das ist schnoddrig und natürlich über-
spitzt; aber ganz falsch ist es nicht. In der Regel jedenfalls
möchte das expressionistische Gedicht niemanden beleh-
ren oder aufklären, sondern Zustände beschreiben, nicht
Gedanken will es formulieren und übermitteln, sondern
Gefühle ausdrücken, Ahnungen und Befürchtungen.

Ein Dichter des deutschen Expressionismus war auch
der heute nahezu vergessene Paul Boldt, der 1885 in einem
kleinen Ort in Westpreußen geboren wurde und 1921 an
den Folgen einer Operation starb. Fast alles, was von ihm
überliefert ist, entstand in der kurzen Zeitspanne zwischen
1912 und 1914, als er vorwiegend in Berlin lebte, wo
er Philologie studierte – offenbar lustlos und halbherzig,
denn er gab das Studium im dreizehnten Semester auf.
Sein einziger Gedichtband erschien 1914 bei Kurt Wolff:
»Junge Pferde! Junge Pferde!« lautet der Titel.

Boldt gehörte zu den Einzelgängern, zu den Verlassenen
und den Ausgestoßenen, und noch im Kreis von Außensei-
tern blieb er ein Außenseiter. Aber er war beides zugleich
und auf einmal – ein kräftiger Naturdichter, seiner hei-
matlichen Landschaft verbunden, und ein feinfühliger As-
phaltpoet, irritiert von der modernen Großstadt, zumal
von Berlin. Er liebte den deutschen Wald und den deut-

schen Puff. Er rühmte junge Pferde und junge Bäume, das
helle Licht und das finstere Laub, den grünen Klee und die
blaue Luft, einsame Pappeln und den Duft der Wiesen, flie-
gende Fische und die Sonne im Wolkenhut.

Er besang die Liebenden am Abend und am Morgen, in
der Nacht und am Tag. Von den Wolken und den Winden
träumte er – und er meinte die Fräuleins und die Frauen.
Das Ewigweibliche zog ihn hinan und hinab und an der
Nase herum. Er pries sie alle: die Mädchen vom Lande und
die Huren auf der Straße, die Damen aus den Bars und die
aus den Salons. Das Sanfte war sein Element und auch das
Pralle, das Zarte und auch das Dralle. Boldts Sinnlichkeit
war prägnant, seine Prägnanz poetisch. Lauthals verkün-
dete er: »Schön ist die Wollust!« Was immer er schrieb, es
war zum Bersten voll mit Empfindungen und Ängsten,
mit Bildern und Gesichten. Dieser Überschwang seiner Gefühle war es wohl, an dem er schließlich zerbrach.

Davon ist die Rede in Boldts Gedicht »In der Welt« aus
dem Jahre 1913. Welt? Gerade dieses Wort wird in dem
Gedicht ausgespart. Das hat schon seinen guten, seinen
traurigen Grund: Hier spricht einer, dem die Welt abhan-
den gekommen ist und der an seiner Ohnmacht und Ratlosigkeit leidet. Er läßt sein Gesicht auf die Sterne fallen. Wie
das? Sie, die Sterne, sind doch über und nicht unter uns.
Gewiß, ebendeshalb deutet das überraschende Verbum an,
daß für jenen, der sein Gleichgewicht verloren hat, die Welt
auf dem Kopf steht.

Aber so ganz schlecht ist es um diesen verlorenen Menschen noch nicht bestellt. Denn es gelingt ihm, für seine
Verzweiflung die denkbar knappste Formulierung zu fin-

den: »Mein Ich ist fort.« Es hat sich von ihm abgelöst,
dieses Ich, es hat sich auf eine Sternenreise begeben. So ist
es in eine andere Welt geraten, eine ebenfalls unheimliche
und absurde: In ihr hinken die Sterne auseinander, und die
Wälder wandern mondwärts.

Um die Spaltung seiner Persönlichkeit und ihren Zerfall
auszudrücken, setzt sich Boldt über die Regeln der Gram-
matik hinweg. Statt »Das bin nicht Ich« dichtet er »Das ist
nicht Ich«. Nein, er ist es nicht, den die Menschen zu sehen
glauben, er ist anders, er ist nicht das, wovon seine Kleider
zeugen, zu zeugen scheinen. Dagegen kann er nichts tun,
wehren kann er sich nicht: Er ist ausgeliefert und nicht
Herr seiner Nerven. Es sind »Ichlose Nerven«. Sie fürchten
sich und weinen. Boldt war einer, der sich zurufen mußte:
»Geh durch die Menge, um Lächeln zu stehlen.«

Manches läßt vermuten, daß er das Lächeln, das er
suchte, nie zu finden vermochte. 1914 wurde er Soldat.
Doch wußte das Militär mit ihm nichts anzufangen: Man
attestierte ihm einen »Verwirrungszustand« und schickte
ihn ins Lazarett. Wenig später wurde er aus dem Heer ent-
lassen. Nach Kriegsschluß begann er wieder zu studieren,
diesmal Medizin, und scheiterte abermals.

Hat er, Paul Boldt, die psychische Krankheit vielleicht
simuliert? Wir werden es nie erfahren. Sicher ist bloß, daß
nichts aus ihm geworden war – nur ein Dichter, ein un-
glücklicher. Aber gibt es andere Dichter?

(1993)

KURT TUCHOLSKY
DANACH

Es wird nach einem happy end
im Film jewöhnlich abjeblendt.
  Man sieht bloß noch in ihre Lippen
  den Helden seinen Schnurrbart stippen –
  da hat sie nu den Schentelmen.
    Na, un denn –?

Denn jehn die beeden brav ins Bett.
Na ja … diß is ja auch janz nett.
  A manchmal möcht man doch jern wissn:
  Wat tun se, wenn se sich nich kissn?
  Die könn ja doch nich imma penn …!
    Na, un denn –?

Denn säuselt im Kamin der Wind.
Denn kricht det junge Paar 'n Kind.
  Denn kocht sie Milch. Die Milch looft üba.
  Denn macht er Krach. Denn weent sie drüba.
  Denn wolln sich bede jänzlich trenn …
    Na, un denn –?

Denn is det Kind nich uffn Damm.
Denn bleihm die beeden doch zesamm.
  Denn quäln se sich noch manche Jahre.
  Er will noch wat mit blonde Haare:
  vorn doof und hinten minorenn …
    Na, un denn –?

Denn sind se alt.
              Der Sohn haut ab.
Der Olle macht nu ooch bald schlapp.
    Vajessen Kuß und Schnurrbartzeit –
    Ach, Menschenskind, wie liecht det weit!
    Wie der noch scharf uff Muttern war,
    det is schon beinah nich mehr wahr!
    Der olle Mann denkt so zurück:
    wat hat er nu von seinen Jlück?
    Die Ehe war zum jrößten Teile
    vabrühte Milch un Langeweile.
Und darum wird beim happy end
im Film jewöhnlich abjeblendt.

DEN BERLINERN AUFS MAUL GESCHAUT

Er war schreibsüchtig. Nur hatte er nicht zuwenig, sondern zuviel zu sagen: Die ihn bedrängende Wortflut konnte er nicht eindämmen, das Mitteilungsbedürfnis kaum
zähmen. Das war die Crux des Schriftstellers Kurt Tucholsky.

Zu seinem Werk gehören auch Gedichte, Hunderte, ja
Tausende – vor allem Songs und Chansons, Couplets und
Bänkellieder. Er verfertigte sie für Kabaretts und Revue-
theater, für Illustrierte, für Witzblätter und nicht selten
auch für die »Weltbühne«. Diese rasch entstandenen Verse
erfreuten und amüsierten sein Publikum und ihn selber.
Doch niemand nahm sie ganz ernst, er selber, glaube ich,
auch nicht. Damit mag es zusammenhängen, daß sie von
der Nachwelt doch wohl etwas unterschätzt werden.

Es läßt sich nicht verschweigen: Oft hat sich Tucholsky
in seinen Versen mit billigen Reimen beholfen, er hat Kalauer und Witzeleien nicht verpönt, viele dieser Gedichte
sind, um es milde auszudrücken, belanglos. Aber es lassen
sich auch solche finden, die beweisen, daß er, der hervorra-
gendste deutsche Feuilletonist des zwanzigsten Jahrhunderts, auch ein Kleinkunsttalent von großem Format war.

Das Gedicht »Danach« stammt aus dem Jahr 1930. Der
Stummfilm hatte gerade (schon gab es den Tonfilm) seinen Höhepunkt erreicht, und damit war auch seine Ver-
logenheit kaum noch zu überbieten. Warum wird – fragt
Tucholsky scheinheilig – nach dem Happy-End im Film

gewöhnlich abgeblendet? Seine Antwort ist die Geschichte einer Ehe in fünf Strophen.

Er erzählt, was sich abgespielt hat: Erst das Glück mit Kuß und Bett, dann kommt das Kind und dann der Alltag, der trübe, der kümmerliche. Etwas Abwechslung? Nun ja, der Mann möchte noch was mit einer anderen haben, womöglich mit einer Blonden. Der Sohn verläßt das Haus. Und plötzlich sind die beiden alt und fragen sich, was denn von ihrem Glück geblieben sei. Das sagen uns die letzten vier Zeilen – und sie verdienen es, so oft zitiert zu werden wie die populären Verse unserer Klassiker.

Die Geschichte dieser Ehe wurde millionenfach erlebt, tausendfach beschrieben. Es ist ein alter, ein uralter Hut. Aber in diesem Gedicht ist sie – da schon von Klassikern die Rede war – herrlich wie am ersten Tag. Wie hat das der Tucholsky gemacht? Wie hat er es also geschafft, daß die Geschichte trotz ihrer Banalität uns gar nicht gleichgültig ist, daß sie manchen von uns sogar rührt?

Er hat gewußt, was dieses Thema am meisten gefährdet: Pathos und Sentimentalität. Um beiden zu entgehen, wählt er ein radikales Mittel der Distanzierung und der Verfremdung: Er schreibt das Ganze im Berliner Dialekt, der schnoddrig und nicht gerade vornehm ist, dafür aber den Vorzug hat, pfiffig, immer unfeierlich und höchst anschaulich zu sein.

In diesem Gedicht gibt es keinen einzigen originellen Gedanken und lauter originelle Formulierungen. Es lebt von seinem kessen und doch schwermütigen Humor und, vor allem, von seiner Sprache. Ähnlich wie Gerhart Hauptmann oder Alfred Döblin hat Tucholsky unentwegt, ob

er es wollte oder nicht, dem Volk, dem Berliner Volk aufs
Maul geschaut – und er hat sie alle belauscht: die Ladenver-
käufer und die Straßenbahnschaffner, die Spießbürger und
die Lumpenproletarier, die Muttchen und die Nuttchen. Er
hat ihre Sprechweise eingefangen und sie oft in seine Verse
und in seine Prosa übernommen. Die Treffsicherheit der
Sprache Tucholskys zeigt schon das zentrale Bild dieses
Gedichts: die »vabrühte Milch« als Symbol des eintöni-
gen, des langweiligen, des kläglichen Alltags der kleinen
Leute.

Vor vierzig Jahren habe ich Kurt Tucholsky in der »Welt«
in einem Jubiläumsartikel nachdrücklich gelobt und gerühmt. Allerdings schrieb ich in diesem Artikel: »Aber ein
Dichter war er nicht.« Ich glaube, das war ein Fehlurteil.

(2001)

BERTOLT BRECHT
ERINNERUNG AN DIE MARIE A.

1 An jenem Tag im blauen Mond September
   Still unter einem jungen Pflaumenbaum
   Da hielt ich sie, die stille bleiche Liebe
   In meinem Arm wie einen holden Traum.
   Und über uns im schönen Sommerhimmel
   War eine Wolke, die ich lange sah
   Sie war sehr weiß und ungeheuer oben
   Und als ich aufsah, war sie nimmer da.

2 Seit jenem Tag sind viele, viele Monde
   Geschwommen still hinunter und vorbei.
   Die Pflaumenbäume sind wohl abgehauen
   Und fragst du mich, was mit der Liebe sei?
   So sag ich dir: Ich kann mich nicht erinnern
   Und doch, gewiß, ich weiß schon, was du meinst.
   Doch ihr Gesicht, das weiß ich wirklich nimmer
   Ich weiß nur mehr: ich küßte es dereinst.

3 Und auch den Kuß, ich hätt ihn längst vergessen
   Wenn nicht die Wolke dagewesen wär
   Die weiß ich noch und werd ich immer wissen
   Sie war sehr weiß und kam von oben her.
   Die Pflaumenbäume blühn vielleicht noch immer
   Und jene Frau hat jetzt vielleicht das siebte Kind
   Doch jene Wolke blühte nur Minuten
   Und als ich aufsah, schwand sie schon im Wind.

DAS DIALEKTISCHE LIEBESGEDICHT

Wenn man einer Eintragung Brechts in seinem Notizbuch
trauen kann, hat er dieses Gedicht im Zugabteil geschrieben, während einer Fahrt nach Berlin. Es war kurz nach
dem Ersten Weltkrieg, er war knapp 22 Jahre alt. Für das
Drama suchte er damals neue Wege, in der Lyrik hingegen
hielt er sich vor allem an die Tradition. Oft befolgte er hier,
sorgfältig und souverän zugleich, die strengen Regeln der
klassischen Poetik. Alte und bewährte Schläuche füllte der
junge Poet mit neuem Wein.

Das Gedicht »Erinnerung an die Marie A.« besteht aus
drei Stanzen oder auch Oktaven, jeder der 24 Verse hat
zehn oder elf Silben (einzige Ausnahme: Strophe 3, Vers 6)
und den fünftaktigen jambischen Rhythmus, in jeder Strophe reimt sich der zweite Vers mit dem vierten und der
sechste mit dem achten, wobei alle Reimpaare »männlich«
sind.

Aber so klassisch die Form, so mutet doch die erste Strophe romantisch-volksliedhaft an. Der sich sentimental er-
innernde Poet schwelgt in Adjektiven, einfachen eher und
gefühlsbetonten: Was sich in diesem blauen Mond September unter einem schönen Sommerhimmel abspielte und
woran er offenbar nicht ungern denkt, war jung und hold,
still und bleich. Doch in den letzten drei Versen der ersten
Oktave verzichtet Brecht plötzlich auf die Attribute, vielmehr wiederholt er dreimal ein kurzes, dunkel klingendes
Zeitwort: »war«. Der Schluß der Strophe kündigt gleich-

sam warnend den Inhalt der zweiten an: Sie folgt auf die erste wie die Antithese auf die These.

Es sind nicht nur viele Monde inzwischen vergangen, auch die Liebe ist »still hinunter und vorbei«, jene jungen Pflaumenbäume gibt es ebenfalls nicht mehr, der Dichter kann sich an nichts erinnern, nicht einmal an das Gesicht der Geliebten. War es etwa ironisch gemeint, daß er sie in seinem Arm »wie einen holden Traum« gehalten habe?

Der letzte Vers der zweiten Strophe relativiert den düsteren Befund: Immerhin kann der Dichter nicht vergessen, daß er dieses Gesicht geküßt hat. Und damit ist wieder auf die nächste und letzte Strophe verwiesen, die, der Hegelschen Dialektik getreu, nach der These und Antithese nun die Synthese bietet.

Auch den Kuß hätte er, gesteht der skeptische Poet, längst vergessen, wenn nicht die Wolke am Himmel gewesen wäre, von der es noch einmal heißt, daß sie sehr weiß war. Aber er hat in seinem Leben unendlich viele Wolken gesehen. Warum also erinnert er sich gerade an diese, die nur Minuten »blühte«? Doch nur deshalb, weil er damals sie, »die stille bleiche Liebe«, in seinem Arm hielt und küßte.

Was er in der zweiten Strophe mit betonter Sachlichkeit behauptete – »Ich kann mich nicht erinnern« –, ist hier in der dritten indirekt widerlegt. Während er vorher nüchtern vermutete, daß die Pflaumenbäume wohl inzwischen abgehauen seien, hofft er jetzt, daß sie noch immer blühen. Den ursprünglichen, etwas kokett anmutenden Titel des Gedichts (»Sentimentales Lied No. 1004«) hat Brecht verworfen.

Sollte die Wolke – »sie war sehr weiß und kam von oben her« – in diesem Gedicht die Liebe symbolisieren, ihre Reinheit und zugleich ihre Vergänglichkeit? Dann wäre gar die Liebe, wie einst in einer Operette gesungen wurde, eine Himmelsmacht? »Die weiß ich noch und werd ich immer wissen« – heißt es von jener Wolke. Und das soll wohl bedeuten: So vergänglich die Liebe auch sein mag, sie verschwindet nun doch nicht ganz. Denn es bleibt die Erinnerung und vielleicht auch Dankbarkeit. Im Titel des Gedichts ist ja nicht von einem Pflaumenbaum und eben nicht von jener Wolke die Rede, sondern von einer Frau. Er hat sie nicht vergessen, sie und das Septembererlebnis werden ihm nie mehr aus dem Sinn kommen. Ihr sind diese Zeilen gewidmet.

(1977)

BERTOLT BRECHT
ALS ICH NACHHER VON DIR GING

Als ich nachher von dir ging
An dem großen Heute
Sah ich, als ich sehn anfing
Lauter lustige Leute.

Und seit jener Abendstund
Weißt schon, die ich meine
Hab ich einen schönern Mund
Und geschicktere Beine.

Grüner ist, seit ich so fühl
Baum und Strauch und Wiese
Und das Wasser schöner kühl
Wenn ich's auf mich gieße.

DAS GROSSE HEUTE

Was bleibt von der deutschen Dichtung des zwanzigsten
Jahrhunderts? Da es sich dem Ende nähert, wird die Frage
immer häufiger gestellt. Doch läßt sie sich überhaupt nicht
beantworten. Natürlich können wir sagen, was uns von
dieser Literatur heute besonders wichtig vorkommt, aber
wie die Welt in fünfzig oder gar hundert Jahren beschaffen
sein wird, weiß niemand. Schon deshalb ist es nicht voraus-
sehbar, ob man sich für die Poesie unserer Epoche interes-
sieren und wie man sie beurteilen wird.

Die Frage: Was bleibt? ist also müßig. Und dennoch reizvoll. Weil sie uns, was immer die Nachgeborenen denken
werden, doch zwingt, unsere Anschauungen zu überprü-
fen. Wird man Kafka so schätzen und bewundern, wie wir
Hölderlin oder Büchner schätzen und bewundern? Es ist
schon wahrscheinlich.

Wie aber wird es dem Werk Bertolt Brechts ergehen?
Werden seine Theaterstücke, die nicht zu Unrecht eine
enorme Rolle gespielt haben und die zum großen Teil jetzt
schon vergessen sind, je eine Renaissance erleben? Ich bin
nicht sicher. Und seine Lyrik? Ich liebe nach wie vor viele
Gedichte von Brecht, ich liebe sie ungleich mehr als jene
von Trakl und Stefan George, ja sogar von Rilke – und ich
kann mir ein Deutschland nicht vorstellen, dem seine Dichtung gleichgültig sein könnte. Daß zu ihren Höhepunkten
erotische Verse gehören, ist allgemein bekannt. Doch was
zeichnet sie vor allem aus? Vielleicht die ganz selbstver-

ständliche und daher immer aufs neue verblüffende Einheit
von volksliedhafter Schlichtheit und raffinierter Artistik,
von Alltagssprache und Poesie.

Das Gedicht »Als ich nachher von dir ging« stammt aus
dem 1950 für den Komponisten Paul Dessau geschriebe-
nen Zyklus »Vier Liebeslieder«, bestimmt für eine Sing-
stimme und Gitarre. Sie wurden 1953 uraufgeführt und
zunächst im Programmheft zu diesem Konzert gedruckt.
In Brechts ursprünglicher Niederschrift lautete der Titel
dieses Gedichts: »Lied einer Liebenden«. Doch von der
Liebe spricht die Liebende nicht. So ist es meist in der erotischen Dichtung: Sie benennt nicht ihr Thema, sie um-
schreibt es.

Das Mädchen berichtet, es habe in einer Abendstunde
etwas erlebt, wodurch seine Sicht verändert worden sei.
Und dies in zweifacher Weise: Es sieht nun alles besser und
anders zugleich. Was ist denn gemeint, was hat sich in dieser Stunde abgespielt? Darüber möchte das Mädchen nicht
so direkt sprechen (»weißt schon, die ich meine«). Jedenfalls war es davon ganz in Anspruch genommen – so sehr,
daß es nicht recht wahrnehmen konnte, was ringsherum
war: Erst »nachher«, als es von jenem wegging, den es be-
suchte, fing es wieder an, richtig zu sehen.

Kann man da noch zweifeln, was sich dort ereignet hat?
Waren die beiden miteinander im Bett? Natürlich, doch
war es nicht etwa ein alltägliches Beisammensein, vielmehr
ein außergewöhnliches Erlebnis: Es machte den Tag zum
»großen Heute«. Kurz und gut: Vermutlich hat das Mädchen in jener Abendstunde die Jungfräulichkeit eingebüßt.
Da diese Vokabel gar zu betulich und altmodisch klingt,

verwenden wir meist ein lateinisches Wort: »Defloration«, zu deutsch »Entblühung«. Nur trifft es nicht recht zu, weil in Wirklichkeit gerade das Gegenteil eintritt: Der erste Geschlechtsverkehr hat in der Regel nicht Entblühung zur Folge, sondern Erblühen: Es ändert sich das Verhältnis zur Welt.

Jetzt sieht sie, die Liebende, um sich lauter lustige Leute, grüner scheinen ihr Baum und Strauch und Wiese, alles ist anders geworden. Ihr Selbstvertrauen ist gewachsen – sie glaubt schon, einen schönern Mund und geschicktere Beine zu haben. Ohne die Liebe auch nur mit einem Wort zu erwähnen, zeigt Brecht, was sie zu bewirken vermag – eine überraschende Intensivierung unseres Lebensgefühls, eine ungeahnte Steigerung unseres Daseins. Das kann man auch knapper ausdrücken: Er zeigt das Glück der Liebe.

Diese Verse kennen keinen Widerspruch zwischen Geradlinigkeit und Charme, zwischen Direktheit und Zartheit. Als er sie schrieb, war Brecht zweiundfünfzig Jahre alt, also längst ein reifer Poet – aber einer, der ein Liebender geblieben ist, vielleicht sogar ein jugendlich Liebender.

(1994)

GUSTAF GRÜNDGENS
WIE SIND WIR BEIDE VORNEHM

Dazu bin ich zu vornehm,
ich bin so schrecklich vornehm,
o Gott, wie bin ich fein,
es ist nicht auszuhalten!

Die hat ja keine Chance,
bei uns'rer Contenance
kommt die ja gar nicht hoch!

Ach, ist das schön,
sich verstanden zu sehn,
man braucht sich nur
in die Augen zu sehn!

Wie sind wir beide vornehm,
o Gott, wie sind wir vornehm,
wir bleiben unter uns.

Die Manieren, die Allüren
meiner Gattin machen mich nervös!
Nervös!
Für die Plumpheit,
für die Tumbheit
dieser Deutschen bin ich zu preziös,
und kapriziös!
Immer gibt sie an
schlimmer als ein Mann!

Wir charmanten,
eleganten
Edelmenschen bleiben separat!
Separat!
Die Usancen, die Nuancen unserer Liebe
sind zu delikat, zu delikat!
Unser stiller Charme ist nicht für Alarm.

Doch wir lassen uns
von gar nichts irritieren, nein! uns!

WIR LASSEN UNS
VON GAR NICHTS IRRITIEREN

Nichts Theatralisches war ihm fremd. Gründgens war ein glänzender Regisseur und ein begnadeter Intendant, ein vorzüglicher Kabarettist und, vor allem, einer der besten deutschen Schauspieler dieses Jahrhunderts. Er konnte alles, was zum Theater gehörte – und bisweilen noch ein bißchen mehr. Er war der Hamlet und der Mephisto seiner Generation. Aber er war sich nicht zu schade, auch in belanglosen Possen und Schwänken zu spielen. Er inszenierte klassische Tragödien und allerlei Boulevardstücke, Opern und Operetten, Mozart und Offenbach. Und Gründgens war auch noch ein geborener Kabarettist.

Obwohl er keine große Stimme hatte, konnte er reizvoll singen. Die Songs und Chansons, die Couplets, die er für manche seiner Rollen brauchte, schrieb er meist selber. Gerade diese Einlagen, in denen er auf eher leise Weise brillierte und gelegentlich triumphierte, ließen erkennen, woher der Künstler Gründgens kam: Er war ein Produkt der Weimarer Republik, ihn hat die von den Nazis gehaßte »Asphaltkultur« geprägt.

Als er Görings Schützling und Intendant der Staatlichen Schauspiele in Berlin wurde, blieb er, soweit es nur möglich war, seinen Ursprüngen treu. Was man sich heute kaum vorstellen kann: Er erwies und bewährte sich im »Dritten Reich« als Antityp der neuen Zeit. Nicht Blut und Boden verkörperte er, wohl aber das Morbide und das Zwielichtige, auch das Anrüchige. Nicht die Helden spielte er, sondern die Gebrochenen, die Schillernden, oft die Degenerierten.

Das Duett »Wie sind wir beide vornehm« ist einer von vier Texten, die Gründgens zu der Operette »Liselott« von Eduard Künneke beisteuerte, in der er 1932 als Herzog von Orleans seinen ersten großen Berliner Erfolg feiern konnte. Natürlich, dieses Duett ist eine Bagatelle. Aber sie ist typisch für den Zeitgeist in den letzten Jahren der Weimarer Republik, in jener Phase also, in der die Songs aus der »Dreigroschenoper« in aller Munde waren.

»Liselott« spielt in Frankreich zur Zeit König Ludwigs XIV. Die Tage der Aristokratie sind gezählt, eine Epoche geht zu Ende. Man verschließt die Augen vor der Wirklichkeit, man amüsiert sich, so gut es geht, man verhöhnt das Milieu, in dem man lebt. Also macht man sich lustig über sich selber: Die Ironie ist hier stets zugleich Selbstironie. Die Vokabel »Alarm« deutet an, daß diese »Edelmenschen« immerhin ahnen, was ihnen bevorsteht.

Das Ganze ist, wie es sich für ein solches Chanson schickt, keck und keß, pfiffig und witzig. Mehr noch: Es ist nicht ohne Raffinesse. Die Gesellschaft, die von ihrem nahenden Untergang nichts wissen will, wird mit Hilfe vieler Fremdworte charakterisiert. Das mag nicht sonderlich originell sein. Aber Gründgens findet den Ton dieses kabarettistischen Texts, indem er diese Fremdworte für die Endreime verwendet (Chance – Contenance, preziös – kapriziös, charmanten – eleganten, separat – delikat) und auch für Binnenreime: Usancen – Nuancen, Charme – Alarm. Dieser Ton ist es, dem das kleine Duett seine Qua-

lität verdankt. Haben wir es mit Poesie zu tun? Das wäre
gewiß zu hoch gegriffen. Aber der Literatur oder zumindest ihrem Randbezirk darf man die Petitesse doch zurech-
nen.

Das Publikum im Berliner Admiralspalast, auf dessen
Bühne sich Gründgens in »Liselott« glänzend bewährte,
hat sich fabelhaft vergnügt. Sein Text wurde damals nicht
gedruckt, aber er ist glücklicherweise auf einer Schallplatte
erhalten. Ob jemand bei dieser Vorstellung, bei diesem
Duett auch schauderte? Hat man seine Hintergründigkeit,
seine unheimliche Aktualität verstanden oder wenigstens
gespürt?

Oder hielt sich die Berliner Gesellschaft damals, 1932,
eher an die Worte: »Doch wir lassen uns / von gar nichts
irritieren …«? Und Gründgens selber, der das Liedchen
heiter und bedeutungsvoll und wunderbar ironisch vor-
trug? Ich fürchte, die »charmanten, eleganten Edelmenschen« hatten keine Ahnung, was auf sie, was auf Deutschland zukam.

(1999)

MASCHA KALÉKO
GROSSSTADTLIEBE

Man lernt sich irgendwo ganz flüchtig kennen
Und gibt sich irgendwann ein Rendezvous.
Ein Irgendwas, – ist nicht genau zu nennen –
Verführt dazu, sich gar nicht mehr zu trennen.
Beim zweiten Himbeereis sagt man sich ›du‹.

Man hat sich lieb und ahnt im Grau der Tage
Das Leuchten froher Abendstunden schon.
Man teilt die Alltagssorgen und die Plage,
Man teilt die Freuden der Gehaltszulage,
… Das übrige besorgt das Telephon.

Man trifft sich im Gewühl der Großstadtstraßen.
Zu Hause geht es nicht. Man wohnt möbliert.
– Durch das Gewirr von Lärm und Autorasen,
– Vorbei am Klatsch der Tanten und der Basen
Geht man zu zweien still und unberührt.

Man küßt sich dann und wann auf stillen Bänken,
– Beziehungsweise auf dem Paddelboot.
Erotik muß auf Sonntag sich beschränken.
… Wer denkt daran, an später noch zu denken?
Man spricht konkret und wird nur selten rot.

Man schenkt sich keine Rosen und Narzissen
Und schickt auch keinen Pagen sich ins Haus.

– Hat man genug von Weekendfahrt und Küssen,
Läßt mans einander durch die Reichspost wissen
Per Stenographenschrift ein Wörtchen: ›aus‹!

KLEINE LIEBE IN DER GROSSEN STADT

Mascha Kaléko war eine polnische Jüdin und eine deutsche Dichterin, eine Berlinerin, die man vertrieben hat, eine Emigrantin, die nirgends eine Heimat finden konnte. Sie wurde 1907 in der polnischen Kleinstadt Chrzanow geboren, einem Ort in der Nähe von Auschwitz. 1914 kam sie nach Deutschland, ab 1918 lebte sie in Berlin, 1929 begann sie, Gedichte zu veröffentlichen, im Januar 1933 erschien bei Rowohlt ihr »Lyrisches Stenogrammheft«. 1938 emigrierte Mascha Kaléko in die Vereinigten Staaten, später lebte sie in Israel, sie starb 1975 in Zürich.

In Kindlers Literaturlexikon (zwanzig Bände) widmet man ihr (wie auch Alfred Polgar) keine einzige Zeile. Das mag Schlamperei sein und ist gleichwohl kein Zufall. Es hat mit der Besonderheit ihrer Poesie zu tun: Derartiges wird in Deutschland bisweilen gelobt und nie ganz ernst genommen. Die Themen? Liebe, Einsamkeit, Sehnsucht, Hoffnungslosigkeit, Enttäuschung. Nichts Neues also? Doch, durchaus neu, aber nicht die Motive sind es, sondern Ton und Hintergrund dieser Verse und auch manche der Lieblingsfiguren der Mascha Kaléko, der jungen Menschen, denen man beim Abgang von der Schule sagte, sie würden jetzt ins Leben treten, und denen man vom »ethischen Niveau« sprach: »Ich aber leider trat nur ins Büro.«

Oft ist von den Gefühlen und Leiden der kleinen, armen Angestellten die Rede und der zwar munteren, doch in Wirklichkeit recht traurigen Sekretärinnen, oft von der

kleinen Liebe in der großen Stadt, natürlich in Berlin – und
vor allem am Wochenende. Eines dieser Gedichte schließt:
Von Booten flüstert's hier und dort. / Die Pärchen ziehn
nach Haus. / – Es artet jeder Wassersport / Zumeist in
Liebe aus. Bedeutende Poesie? Ach, nein, es ist eben Gebrauchslyrik, es ist Dichtung für nüchterne Leute, die es
eilig und nicht leicht haben, für solche, die sich um Literatur und Kunst nicht kümmern. Es ist Poesie für die Zeitung
und also für den Alltag.

Man hat Heine zu den Vorbildern der Mascha Kaléko
gezählt, wohl deshalb, weil sie im Exil besonders oft gerade
ihn zitiert, nachgeahmt und auch parodiert hat. Aber das
ist doch zu hoch gegriffen. Ich muß eher an Tucholsky denken, an Ringelnatz und vor allem an den in Deutschland
immer noch zu wenig geschätzten Erich Kästner. Nur war
Mascha Kaléko jünger als diese Autoren: Nicht der Erste
Weltkrieg hat sie geprägt, vielmehr repräsentierte sie jene
Generation, die in den späten zwanziger Jahren aufge-
wachsen war – in der Zeit der Not und der Arbeitslosigkeit
und literarisch durchaus nicht mehr unter dem Einfluß des
Expressionismus, sondern der Neuen Sachlichkeit.

Ihre Verse sind keß und keck, frech und pfiffig, schnoddrig und sehr schwermütig, witzig und ein klein wenig
weise. Ganz natürlich klingt die Stimme der Mascha Kaléko, unverkrampft und immer etwas resigniert. Ihr ist nicht
daran gelegen, den Leser zu beeindrucken, vielmehr hat sie
etwas mitzuteilen, zu berichten, zu erzählen. Der Reim und
der Rhythmus, die Pointen und die Scherze – in diesen Versen dient alles dem Inhalt.

Erich Kästner wurde ein lyrischer Reporter seiner Epoche genannt. Das gilt auch für Mascha Kaléko. Sie zeigt in der »Großstadtliebe«, einem Gedicht, das ich besonders gern habe, die Erotik jener jungen Leute, die in möblierten Zimmern wohnen, wo man – da liegt der Hase im Pfeffer – keinen Besuch empfangen darf. Man trifft sich auch nicht im Café, denn eine Tasse Kaffee kostet 25 oder 30 Pfennig, da kommt man in der Eisdiele billiger weg. Noch billiger ist es auf den Parkbänken, allerdings kann man sich da nur küssen, mehr geht eben nicht.

Wenn sich die jungen Leute aber doch nach mehr sehnen, dann brauchen sie ein Paddelboot, das man leihen kann. Pathetisch ist diese Großstadtliebe natürlich nicht: *Man lernt sich irgendwo ganz flüchtig kennen.* Wenn man genug hat von *Weekendfahrt und Küssen* – dann macht man Schluß, am besten (Mascha Kaléko war Sekretärin) durch die Reichspost und per Stenographenschrift. 1956 war sie noch einmal in Berlin. Über das Wiedersehen mit der Stadt, die sie für ihre Heimat hielt, schrieb sie: *Und alles fragt, wie ich Berlin denn finde? / Wie ich es finde? Ach, ich such es noch!*

(1998)

ERICH FRIED
LOGOS

Das Wort ist mein Schwert
und das Wort beschwert mich

Das Wort ist mein Schild
und das Wort schilt mich

Das Wort ist fest
und das Wort ist lose

Das Wort ist mein Fest
und das Wort ist mein Los

DAS WORT WAR SEIN LOS

»Die Toten reiten schnelle« heißt es in Gottfried August
Bürgers Ballade »Lenore«. Das stimmt schon: Zwölf Jahre
ist Erich Fried tot – und schon ist sein Werk, nein, noch
nicht vergessen, doch schon merklich verblaßt und jedenfalls aus der Mode gekommen. Einst von seinen Gesin-
nungsgenossen maßlos überschätzt, wird Fried heute wohl
unterschätzt.

Er wurde in Österreich geboren, er hat jahrzehntelang
in England gelebt und ist während eines Aufenthalts in
Deutschland gestorben. Aber er war, wenn man es recht
bedenkt, weder ein Österreicher noch ein Engländer oder
ein Deutscher. Er war und blieb ein mitteleuropäischer
Jude, dem freilich das Judentum nicht mehr viel bedeutete.
In London hatte er ein Haus, doch zu Hause war der unru-
hige Geist nicht dort. Er war es vielleicht unterwegs, auf
zahllosen Reisen quer durch die deutschsprachigen Länder
stets seinen Zorn und seinen Protest in Vers und Prosa of-
ferierend.

War etwa die Literatur seine Heimat? Eher könnte man
sagen, das Schreiben sei seine Heimat gewesen. Er schrieb,
er dichtete immer und überall. Als er bei der BBC arbeitete
(von 1952 bis 1968), fuhr er täglich mit dem Autobus
zur Arbeit. In der Regel produzierte er auf dem Hinweg
zwei Gedichte und auf dem Rückweg ebenfalls, mitunter
noch mehr. Der Ausdruckszwang war sein Glück. Zugleich
allerdings war Fried ein Opfer dieses manischen Zwangs.

So entwickelte sich seine Lyrik ohne Heimat, ja gerade dank der Heimatlosigkeit. Inmitten der englischen Welt wuchs Frieds ohnehin außerordentliche Empfindlichkeit für die Eigenart der deutschen Sprache, seine Reizbarkeit für den Klang und Sinn des deutschen Wortes. Das führte schon bald zum Wortspiel, einem der zentralen Elemente seiner Poesie.

Was er mit Wortspielen im Sinne hatte, zeigt auf beispielhafte Weise das frühe Gedicht »Logos«: Es sind Spiele, die das Wort beim Wort nehmen, die jede Wendung hin- und herwenden. Vieldeutigkeiten, Lautübereinstimmungen und Lautähnlichkeiten irritieren Fried stets aufs neue. Natürlich läßt er Gedanken Sprache werden, aber zugleich – und darauf kommt es hier an – läßt er die Sprache denken. Möglicherweise hat diese passionierte Wortgläubigkeit mit Frieds jüdischem Erbteil zu tun.

Das Gedicht »Logos« zielt, ähnlich wie andere Wortspiele von Fried, nicht oder nicht nur auf das Wort ab, das ernste Spiel ist nicht nur Selbstzweck. Seine Sprachkritik meint also mehr als die Sprache: Mit dem Wortspiel greift er das Leben an, um es zu begreifen, es ist seine Zuflucht und sein Erkenntnisinstrument, es soll etwas, was für den Autor wichtig ist, blitzartig sichtbar und durchsichtig machen. Und nichts ist für ihn – wie so oft in der Lyrik aller Zeiten – wichtiger als seine eigene Person.

Ein Selbstporträt ist dieses Gedicht. Form und Inhalt, strenge Schmucklosigkeit und verblüffende Kunstfertigkeit bilden hier eine Einheit: In jedem Vers steht die Schlüsselvokabel: »das Wort«. Es gibt nur zwei Requisiten (Schwert und Schild), beide entstammen einer längst ver-

gangenen Epoche und sind daher geeignet, die Person des
Autors zu verfremden. Kargheit und Knappheit sind nicht
zu überbieten, dennoch entsteht nicht der Eindruck der
Künstlichkeit oder Gedrängtheit. Das Gedicht »Logos« ist
ein kleines, vollkommenes Gebilde.

In der englischen Literatur, zumindest seit Shakespeare
geschätzt und beliebt, hat das poetische Wortspiel auch
bei uns eine beachtliche Tradition: Morgenstern und Karl
Kraus hatten eine Schwäche für dieses Spiel, Goethe, Schiller und Heine haben es nicht verpönt, und Fried hat es
auf seine Weise virtuos erneuert und aktualisiert. Freilich
konnte auch er, wie manche seiner großen Vorgänger, den
Kalauer nicht immer vermeiden.

Zusammen mit einigen wunderbaren erotischen Gedichten werden, so will es mir scheinen, nicht wenige der
Wortspiele Erich Frieds die Zeit besser überstehen als
seine unzähligen politischen Gedichte. Wie auch immer:
Wir sollten seiner gedenken, wie er es verdient – mit Nach-
sicht und mit Respekt.

(2000)

GÜNTER KUNERT
FRIST

Sonne war und fiel heiß auf sie nieder
Und fiel auf mich der ich doch bei ihr war.
Die Wellen gingen fort und kamen immer wieder
Zurück voll Neugier zu dem nackten Paar.

Ein wenig Fleisch auf soviel Sandgehäufe
Ein wenig Frist in ziemlich viel Unendlichkeit
Ein wenig Leben und zwei Lebensläufe
Darüber Sonne und darunter Dunkelheit.

EIN WENIG FRIST
IN VIEL UNENDLICHKEIT

Ob in der DDR, wo Kunert bis 1979 lebte, oder später in
der Bundesrepublik – man hat seine Lyrik zwar anerkannt
und geschätzt, doch populär wurde sie weder hier noch
dort. Das hat weniger mit ihrer Qualität zu tun als mit ihrer
Eigenart. Kunert ist ein nachdenklicher und grübelnder,
ein politischer, ein gesellschaftskritischer und philosophi-
scher Poet. Seine Verse sind beinahe immer kühl und zu-
rückhaltend, oft widerborstig und nie einschmeichelnd.

Wie die meisten Dichter, die an einem Trauma leiden
und mit einer Obsession geschlagen sind, artikuliert auch
Kunert nur selten seine Hoffnungen und sein Glück, weit
häufiger seinen Schmerz und seine Leiden. Er macht sich
keine Illusionen, er ist ein Sänger der Angst, des Zweifels
und der großen Vergeblichkeit, ein hartnäckiger Prophet
der uns drohenden Katastrophe. Er bleibt stets nüchtern
und skeptisch. Das gilt ebenfalls für seine erotische Lyrik.
In ihr sind Licht und Schatten unzertrennlich. Bei Kunert
birgt die Erfüllung bereits die Gefährdung.

Schon im streng anmutenden Titel verweist das Gedicht
»Frist«, das aus den frühen sechziger Jahren stammt, auf
sein zentrales Motiv: Es ist Befund und Warnung zugleich.
Nicht eine Aktion wird hier geschildert, sondern eine Situation. Zwei Menschen liegen beieinander, sie sind offenbar allein auf weiter Flur, genauer: einsam an einem
Meeresstrand. Wann haben sie sich zum ersten Mal gese-

hen, wann gefunden? Vor einer Stunde? Vor einer Woche? Oder sind sie vielleicht schon seit einem Jahr zusammen? Wir wissen es nicht. Doch was sie miteinander verbindet, ist mit Sicherheit ernst, ja, es ist wohl für beide äußerst wichtig: Denn hier kreuzen sich, heißt es, zwei Lebensläufe.

Diese beiden nackten Menschen – sie sind einander ganz verfallen, sie bilden eine Welt für sich. Was sich sonst abspielt, kümmert sie überhaupt nicht, der Rest der Welt ist ihre Sache nicht, jedenfalls vorerst nicht. Was aber spielt sich ab? »Die Wellen gingen fort und kamen immer wieder«. Das ist das einzige, was hier geschieht. Was der unaufhörliche Wellenschlag symbolisiert, braucht kaum gesagt zu werden: Es ist der Lauf der Zeit, den die beiden ignorieren möchten und dem sie gleichwohl nicht entfliehen können. Wie viel von dieser Zeit wird ihnen gegönnt? Bloß »ein wenig Frist in ziemlich viel Unendlichkeit«. Bald werden sie einsehen müssen und sich damit abfinden, daß – mit Hofmannsthal zu sprechen – »alles gleitet und vorüberrinnt«.

Die Vergänglichkeit der Liebe und des Lebens – das ist ein alter Hut, gewiß so alt wie die Poesie, ein Thema ist es, dauerhafter als Erz. Wer sich seiner in unseren Tagen annimmt, scheint gut beraten, wenn er einen möglichst einfachen Ausdruck wählt. Der junge Kunert, schon damals ein Lyriker, der sich seiner poetischen Mittel sehr bewußt war, verzichtet konsequent auf eine kunstvolle oder gar gesuchte Umschreibung dessen, was er formulieren möchte. Er bedient sich ausschließlich der Sprache des Alltags, er vermeidet selten gebrauchte Worte.

Und er greift auf jene Form zurück, die in der deutschen
Literatur immer schon sehr beliebt war und die nie veral-
tet, nie altväterlich wirkt – auf die regelmäßige vierzeilige
Strophe mit den sogenannten Kreuzreimen (abab). So ist
ihm, Günter Kunert, ein schlichtes, ein volksliedhaftes Gedicht gelungen, traurig und schön. Traurig? Nun ja, es ist
doch ein Liebesgedicht.

(2000)

EIN PLÄDOYER IN SACHEN LYRIK

Reden wir offen: Die Lyrik – brauchen wir sie wirklich? Millionen Menschen leben ohne die Dichtung. Sie wissen von ihr nicht und fühlen sich dabei ganz gut: Nichts fehlt ihnen, und vieles bleibt ihnen erspart. Denn die Lyrik ist eine höchst fragwürdige literarische Gattung – und es gibt Anlaß genug, vor ihr zu warnen. In der Prosa wird mit offenen Karten gespielt, in der Lyrik hingegen oft mit gezinkten. Bei ihr fanden immer schon jene Unterschlupf, die nichts zu sagen haben, doch unbedingt gehört werden möchten, die singen wollen, weil sie nicht denken können, die dichten müssen, weil ihnen das Schreiben unüberwindliche Schwierigkeiten bereitet.

Was sich in der Prosa als unverkäuflich erwies, das wurde von vielen Autoren in Versen feilgeboten und auch an den Mann gebracht. Was zu töricht war, um gesagt zu werden, haben sie gern gesungen. Wären die Lyriker gar die Tenöre unter den Schreibern? Soviel ist sicher: Mit der Fülle des Wohllauts – oder zumindest des vermeintlichen Wohllauts – ließ sich intellektuelle Dürftigkeit effektvoll tarnen. Wer also feierlich sang und raunte, der brauchte die Frage nach dem Sinn und der Intelligenz seiner Worte nicht zu befürchten.

Ja, man liebte die Dämmerung und das Geheimnisvolle mehr als die Klarheit und die Nüchternheit, man traute der Beschwörung mehr als der Analyse. Die Denker schätzte man hierzulande vor allem dann, wenn sie dichteten, und die Dichter, wenn sie nicht dachten. Der Mißbrauch der lyrischen Form zur Flucht ins Undeutliche und ins Verschwommene, zum Rückzug ins Unkontrollierbare bis hin zu den Müttern, war und ist bisweilen auch heute noch ein Erzübel unserer Literatur.

So war in Deutschland das Gedicht oft ein Refugium für Autoren mit und ohne Talent, doch auf jeden Fall mit wenig Geist. Und für ein Publikum, das willig der Aufforderung folgte: Mitzusingen, nicht mitzudenken seid ihr da! Wenn sich gerade beim Volk der Dichter und Denker die Ansicht einbürgerte, man könne entweder Dichter oder Denker sein, doch schwerlich beides zugleich, dann hat das mit dem Einfluß eines großen Mannes zu tun, der freilich mit seinen zahllosen Äußerungen über die Literatur, zumal über die Lyrik und die Kritik, viel Unheil gestiftet hat. Ich meine Goethe.

In seinen »Maximen und Reflexionen« findet sich die fatale Feststellung: »Künste und Wissenschaften erreicht man durch Denken, Poesie nicht; denn diese ist Eingebung ...« Man mache sich nichts vor: Eine gelegentliche Fehlleistung war das nicht. Goethe hat ähnliches leider oft wiederholt, so etwa in den Gesprächen mit Eckermann, in denen er ganz ungeniert dekretierte: »Je inkommensurabler und für den Verstand unfaßlicher eine poetische Produktion, desto besser.«

Derartiges wurde in Deutschland ein Jahrhundert lang andächtig zitiert. Immer wieder plädierte man, in der Nachfolge Goethes, für die Inspiration und gegen den Intellekt und meinte allen Ernstes, daß das Dichten die klare Denkarbeit beeinträchtige und das Denken wiederum der holden Dichtkunst schade. Damit mag der Glaube an die erlösende Kraft der Poesie zusammenhängen.

Aber die Dichtung hat noch nie jemanden zu erlösen vermocht. Sie ist auch für die Belehrung wenig geeignet: Wer seine Zeitgenossen aufklären oder unterweisen möchte, der ist gut beraten, wenn er statt einer Ode einen Artikel oder eine Abhandlung verfaßt. Und wer da meint – um auch das noch gleich hinzuzufügen –, mit Versen ließe sich auf den Lauf der Dinge Einfluß ausüben, der macht sich rührende Illusionen. Nein, die Welt verändern können die Lyriker nicht. Der unentwegt davon redete, Bertolt Brecht, konnte sich immerhin dessen rühmen, daß seine Arbeiterlieder, von Hanns Eisler vertont, in den letzten Jahren der Weimarer Republik viel gesungen wurden. Doch hat weder das Solidaritätslied die Solidarität der Arbeiter noch das Einheitsfrontlied die Einheitsfront bewirkt – ebensowenig wie die Songs der »Dreigroschenoper« das bürgerliche Berliner Theaterpublikum zu erziehen vermochten.

Wie aber, wenn den Dichtern die Macht gegeben wäre, die Welt zu verändern? Wäre das wirklich wünschenswert? Zu oft haben sie der Tyrannei gedient, und zu viele Torheiten sind im Laufe der Jahrhunderte von ihnen in bisweilen attraktiver Verpackung angeboten worden, als daß man diese Frage auch nur für einen Augenblick ernst nehmen könnte. Schon Plato wollte von den Dichtern nichts wissen. Also sollten wir wohl vor diesen unzuverlässigsten aller Kantonisten auf der Hut sein. Fragt sich nur, ob wir auf sie verzichten können, ob wir sie nicht doch brauchen, auch heute, gerade heute.

Jener römische Poet, der vor zwei Jahrtausenden stolz erklärte, er habe mit seinen Oden ein Denkmal errichtet, dauerhafter als Erz – geirrt hat er sich nicht. In der Tat, Gedichte, zarte Gebilde, gemacht aus dem flüchtigsten Material, aus Worten, können Jahrtausende besser überstehen als Tempel und Paläste. Es läßt sich auch nicht übersehen, daß die Lyrik mitunter imstande ist, wenn auch nicht gleich die Welt zu verändern, so doch erträglicher zu machen. Ja, sie kann das Individuum aus seiner Gleichgültigkeit reißen und vielleicht sogar aus den herkömmlichen Denkbahnen werfen.

Müßig wäre es, wenn nicht läppisch, wollten wir versuchen, die Lyrik höher einzustufen als das Drama oder die Erzählung. Gedichte sind weder besser noch tiefer als andere literarische Arbeiten. Aber sie sind anders, sie gehen weiter. Der Lyriker verbirgt sich nicht im Gedicht, er muß sich in ihm stellen. Das Gedicht ist die riskanteste, die schamloseste aller literarischen Formen. Ein Dichter – meinte Goethe und irrte diesmal nicht – sei umsonst verschwiegen, denn »Dichten selbst ist schon Verrat«.

Lyriker sind professionelle Exhibitionisten – nur daß sie nicht etwa ihre Blöße poetisieren, sondern sich in der Poesie bloßstellen. Daher können wir uns in der Regel eher mit einem schwachen Theaterstück oder mit einem mittelmäßigen Roman abfinden als mit einem dürftigen Gedicht. Der Dramatiker nimmt ja unser Interesse für seine Figuren in Anspruch und der Romancier für die Welt, die er zeigen möchte, der Lyriker hingegen stets und vor allem für sich selber. Wer sich aber entblößt, der provoziert seine Umwelt: Dramen, darf man wohl sagen, sind Angebote und

Romane Einladungen – das Gedicht jedoch ist eine Herausforderung.

Doch las ich neulich, der Lyriker gleiche dem Schwim-
mer, und sein Rettungsring sei die Form. Das scheint mir
ein unglückliches Bild. Denn ebenso könnte man sagen,
der Rettungsring des Geigers sei die Violine. Nein, das Gedicht kann sich schon deshalb nicht unter das schützende
Dach der Form retten, weil es selber die Form ist: Von ihr,
nur von ihr bezieht es seine Existenzberechtigung.

Dennoch muß man Stefan George widersprechen, der
einst geschrieben hat: »Den Wert der Dichtung entscheidet
nicht der Sinn (sonst wäre sie etwa Weisheit, Gelahrtheit),
sondern die Form.« Man sollte sich, meine ich, hüten, das
eine gegen das andere auszuspielen: Die in der Literatur
immer leidige, wenn nicht fatale Trennung von Inhalt und
Form ist in der Lyrik gegenstandslos. Denn die Form – das
ist schon der Sinn des Gedichts. Damit hängt es wohl auch
zusammen, daß unsere Welt, deren Darstellung den Romanciers und in noch höherem Maße den Dramatikern so
große und häufig unüberwindbare Schwierigkeiten bereitet, sich der lyrischen Formulierung nicht entzieht: Wo die
Dramatiker verstummen und die Romanciers ratlos scheinen, da ist es ihnen, den Lyrikern, gegeben, zu sagen, wie
sie leiden, wie *wir* leiden.

Nun wirft man der Lyrik unserer Zeit gern vor, sie sei
meist düster, pessimistisch oder gar nihilistisch. Aber Op-
timismus, Pessimismus, Nihilismus – das sind Kategorien,
mit denen man noch nie der Dichtung beikommen konnte.
War Hölderlin ein Pessimist? Waren Heine oder Brecht
etwa Optimisten? War Benn wirklich ein Nihilist? Es ge-

nügt, solche Fragen zu stellen, um bewußt zu machen, daß sie nicht angemessen, daß sie lächerlich sind. Heute sind es gerade die düsteren Gedichte, denen der überraschende Durchbruch glückt, die blitzartige Erhellung gelingt. Oft ist es paradoxerweise die Finsternis, von der das Licht ausgeht.

Aber worauf ist die Lyrik-Renaissance, die manche schon als »Lyrik-Welle« abwerten möchten, denn zurückzuführen? Je trostloser unsere Epoche, je düsterer unsere Zukunftsaussichten, je wirrer und chaotischer die Welt, die uns umgibt, desto größer unser Bedürfnis nach – ja wonach? Etwa nach Trost? Vielleicht, doch wird uns ihn die Dichtung nicht liefern. Die Bevölkerung mit Tranquilizern und Schmerzlinderungsmitteln zu versorgen gehört zur Aufgabe nicht der Poesie, sondern der Pharmazie.

Nein, trösten oder besänftigen kann uns die Lyrik nicht. Aber sie kommt allein durch ihre Existenz unserem Abscheu vor dem Chaotischen entgegen. Oder dürfen wir gar sagen, unserem Bedürfnis nach Ordnung? Dies jedenfalls ist sicher: Wer dichtet, der widersetzt sich der Willkür und dem Chaos. Dichten heißt ordnen. In der achten der »Duineser Elegien« lesen wir: »Wir ordnens. Es zerfällt. / Wir ordnens wieder und zerfallen selbst.« Rilkes Worte gelten auch und vor allem für die Lyriker.

Da Ordnung die Devise der Dichtung ist, sollte man sich nicht wundern, daß diejenigen, denen wir die individuellsten, die subjektivsten, ja die zartesten Gebilde der Literatur verdanken, sich nicht scheuen, die poetischen Hervorbringungen ihrer Zeitgenossen und Kollegen öffentlich zu analysieren und zu beurteilen. Anders als die Romanciers oder die Dramatiker sind die Lyriker nahezu immer zugleich die Kritiker der Lyrik. Das hat mit ihrem ausgeprägten Formbewußtsein zu tun.

Dieses eminente Formbewußtsein unserer Poeten trägt auch dazu bei, daß sich in den simplen Worten »Lyrik heute« mehr als ein Wunsch oder ein Bekenntnis verbirgt – nämlich ein fast schon trotziges Programm. Poesie ist immer auch Protest und Auflehnung. Wer dichtet, der rebelliert gegen die Vergänglichkeit. Selbst wenn sie den Untergang verkündet, wenn sie dem Tod huldigt, wenn sie den Zerfall besingt – dementiert die Dichtung, ob sie es will oder nicht, den Untergang, den Tod, den Zerfall.

Lyrik ist Lebensbejahung. Daher die wachsende Rolle der Poesie in unseren Tagen: Ihr schwermütiger, von manchen noch nicht wahrgenommener oder mit dem obligaten Unbehagen registrierter Siegeszug hat hier seine tiefste Ursache. Es zeigt sich, daß die Antwort der Literatur, auf die wir inmitten der Bedrohung und Gefährdung warten, am ehesten ihre radikalste Gattung geben kann – eben die Lyrik.

Aber der Dichter, der seiner Zeit nachläuft, holt sie nie ein; vielmehr wird er von ihr überrannt. Der Dichter wiederum, der vor seiner Zeit die Augen verschließt, verfehlt seine Aufgabe. Die Erben Heyms und Trakls, Benns und Brechts lassen sich weder das eine noch das andere zuschulden kommen. Manch ein deutsches Gedicht dieser Jahre zielt nur auf geringfügige Details unserer Gegenwart ab und trifft sie doch mitten ins Herz. Wenn sich heute bei sehr unterschiedlichen Lyrikern, ebenso jüngeren wie älteren, immer deutlicher die Hinwendung zur strengen Form be-

merkbar macht – zu den klassischen Mustern der Poesie,
zum Reim und zur Strophe, zu den Ordnungsprinzipien
des Gedichts –, so ist dies nicht etwa als Flucht aus der Zeit
zu verstehen, wohl aber als unmittelbare und auch selbst-
bewußte Reaktion auf die Verworrenheit der Epoche, auf
ihr Grauen und ihren Schrecken.

Wie man es auch nimmt – die Poesie ist eine zwiespältige
Sache. Platos Warnung hatte schon gute Gründe. Ja, diese
älteste Gattung der Literatur ist die bedenklichste und ge-
fährlichste – und zugleich die kühnste und radikalste, die
empfindsamste. Allerdings wäre zu überlegen, ob denn das
eine ohne das andere überhaupt möglich wäre.

Heine fragt einmal, ob die Poesie etwa eine Krankheit
des Menschen sei, »wie die Perle eigentlich nur der Krank-
heitsstoff ist, woran das arme Austertier leidet«. Wenn
Heine recht hat, dann ist es jedenfalls der Menschheit selt-
samste, vielleicht sogar schönste Krankheit. Und wohl nie
waren wir der Schönheit mehr bedürftig als heute. Aber ist
sie nur schön und nicht auch nützlich? O doch, oft ist die
Poesie auch nützlich – nützlich weil schön.

(1980)

QUELLENHINWEISE

PAUL BOLDT 1885 in Christfelde bei Kulm/Westpreußen geboren, gestorben 1921 in Freiburg/Breisgau.
In der Welt, S. 79. Aus: Junge Pferde! Junge Pferde! – Das Gesamtkunstwerk. Lyrik, Prosa, Dokumente herausgegeben und mit einem Nachwort versehen von Wolfgang Minaty. Walter-Verlag, Olten und Freiburg 1979.

BERTOLT BRECHT 1898 in Augsburg geboren, gestorben 1956 in Berlin.
Erinnerung an die Marie A., S. 89; Als ich nachher von dir ging, S. 93. Aus: Die Gedichte von Bertolt Brecht in einem Band. © Suhrkamp Verlag Frankfurt am Main 1981.

PAUL FLEMING 1609 in Hartenstein/Erzgebirge geboren, gestorben 1640 in Hamburg.
Zur Zeit seiner Verstoßung, S. 31. Aus: Paul Fleming, Gedichte. Auswahl und Nachwort von Johannes Pfeiffer. Verlag Philipp Reclam jun., Stuttgart 1967.

THEODOR FONTANE 1819 in Neuruppin geboren, 1898 in Berlin gestorben.
An meinem Fünfundsiebzigsten, S. 73. Aus: Theodor Fontane, Gedichte in einem Band. Hrsg. von Otto Drude. Insel Verlag Frankfurt am Main und Leipzig 1998.

ERICH FRIED 1921 in Wien geboren, gestorben 1988 in Baden-Baden.
Logos, S. 109. Aus: Befreiung von der Flucht. Gedichte und Gegengedichte. © 1968 Claassen Verlag.

JOHANN WOLFGANG GOETHE 1749 in Frankfurt am Main geboren, 1832 in Weimar gestorben.
Rezensent, S. 35; Alles geben die Götter, S. 43. Aus: Johann Wolfgang von Goethe, Gedichte 1756-1799 und Gedichte 1800-1832. Hrsg. von Karl Eibl. Deutscher Klassiker Verlag Frankfurt am Main 1987/1988. – Freudvoll und leidvoll, S. 39. Aus: Johann Wolfgang von Goethe, Werke. Hamburger Ausgabe in 14 Bänden. Hrsg. von Erich Trunz. Verlag C. H. Beck, München 1982.

GUSTAF GRÜNDGENS 1899 in Düsseldorf geboren, 1963 in Manila gestorben.

Wie sind wir beide vornehm, S. 97. Aus: Gustaf Gründgens, Wie sind wir vornehm. Lyrik und Prosa. Hrsg. und mit einem Nachwort von Karl Riha. Postskriptum Verlag, Hannover 1993. Abdruck mit freundlicher Genehmigung des Dietrich zu Klampen Verlags, Lüneburg.

FRIEDRICH HEBBEL 1813 in Wesselburen geboren, 1863 in Wien gestorben.

Wenn die Rosen ewig blühten, S. 65. Aus: Friedrich Hebbel, Gedichte. Eine Auswahl. Mit einem Nachwort von U. Henry Gerlach. Verlag Philipp Reclam, Stuttgart 1977.

HEINRICH HEINE 1797 in Düsseldorf geboren, 1856 in Paris gestorben.

Ein Jüngling liebt ein Mädchen, S. 53; Leise zieht durch mein Gemüt, S. 57. Aus: Heinrich Heine, Sämtliche Gedichte in zeitlicher Folge. Hrsg. von Klaus Briegleb. Insel Verlag Frankfurt am Main und Leipzig 1997.

FRIEDRICH HÖLDERLIN 1770 in Lauffen am Neckar geboren, gestorben 1843 in Tübingen.

An die Parzen, S. 47. Aus: Friedrich Hölderlin, Gedichte. Hrsg. und mit Erläuterungen versehen von Jochen Schmidt. Insel Verlag Frankfurt am Main 1991.

MASCHA KALÉKO 1907 in Chrzanow/Polen geboren, 1975 in Zürich gestorben.

Großstadtliebe, S. 103. Aus: Mascha Kaléko, Das lyrische Stenogrammheft. Copyright © 1956 Rowohlt Verlag GmbH, Reinbek.

GÜNTER KUNERT 1929 in Berlin geboren.

Frist, S. 113. Aus: Günter Kunert, Gedichte. Ausgewählt von Franz Josef Görtz. Verlag Philipp Reclam jun., Stuttgart 1987. Abdruck mit freundlicher Genehmigung von Günter Kunert.

THEODOR STORM 1817 in Husum/Schleswig geboren, gestorben 1888 in Hademarschen/Holstein.

Lied des Harfenmädchens, S. 61. Aus: Theodor Storm, Sämtliche Werke in vier Bänden. Band 1: Gedichte, Novellen. 1848-1867. Hrsg. von Dieter Lohmeier. Deutscher Klassiker Verlag Frankfurt am Main 1987.

KURT TUCHOLSKY 1890 in Berlin geboren, gestorben 1935 in Hindas
    bei Göteborg.
    Danach, S. 83. Aus: Kurt Tucholsky, Gesammelte Werke. Copyright
    © 1960 Rowohlt Verlag GmbH, Reinbek.
WALTHER VON DER VOGELWEIDE um 1170 in Niederösterreich gebo-
    ren, gestorben um 1230 bei Würzburg.
    Under der linden, S. 25. Aus: Deutsche Lyrik des Mittelalters. Aus-
    wahl und Übersetzung von Max Wehrli. Manesse Verlag, Zürich, 6.
    Auflage 1984.
RICHARD WAGNER 1813 in Leipzig geboren, gestorben 1883 in Vene-
    dig.
    Ein rundes, ein schönes Gedicht, S. 69. Aus: Richard Wagner, Die
    Meistersinger von Nürnberg. Handlung in drei Aufzügen. Hrsg. von
    Wilhelm Zentner. Verlag Philipp Reclam jun., Stuttgart 1988.

ZU DIESER AUSGABE Marcel Reich-Ranicki, *Ein Jüngling liebt ein
Mädchen. Deutsche Gedichte und ihre Interpretationen.* Der Band
erschien erstmals im Jahr 2001. In der vorliegenden Ausgabe zum
Welttag des Buches wurde *»Mit Goethe hatte ich Kummer«. Ein
Gespräch über die »Frankfurter Anthologie« und über deutsche Ge-
dichte* weggelassen.